快乐工作法

[美] 鲍勃·纳尔逊（Bob Nelson）　马里奥·塔马约（Mario Tamayo）◎著

钟雪◎译

WORK MADE FUN GETS DONE !

easy ways to boost energy, morale, and results

中国科学技术出版社

·北京·

Copyright © 2021 by Bob Nelson and Mario Tamayo
Copyright licensed by Berrett-Koehler Publishers
arranged with Andrew Nurnberg Associates International Limited

北京市版权局著作权合同登记　图字：01-2022-0386。

图书在版编目（CIP）数据

快乐工作法 /（美）鲍勃·纳尔逊,（美）马里奥·塔马约著；钟雪译 . — 北京：中国科学技术出版社，2022.8

书名原文：Work made fun gets done: easy ways to boost energy, morale, and results

ISBN 978-7-5046-9566-6

Ⅰ.①快… Ⅱ.①鲍… ②马… ③钟… Ⅲ.①工作方法—通俗读物 Ⅳ.① B026-49

中国版本图书馆 CIP 数据核字（2022）第 121731 号

策划编辑	杜凡如　方　理
责任编辑	申永刚
版式设计	蚂蚁设计
封面设计	创研社
责任校对	张晓莉
责任印制	李晓霖

出　　版	中国科学技术出版社
发　　行	中国科学技术出版社有限公司发行部
地　　址	北京市海淀区中关村南大街 16 号
邮　　编	100081
发行电话	010-62173865
传　　真	010-62173081
网　　址	http://www.cspbooks.com.cn

开　　本	880mm×1230mm　1/32
字　　数	141 千字
印　　张	7.25
版　　次	2022 年 8 月第 1 版
印　　次	2022 年 8 月第 1 次印刷
印　　刷	北京盛通印刷股份有限公司
书　　号	ISBN 978-7-5046-9566-6/B·99
定　　价	59.00 元

（凡购买本社图书，如有缺页、倒页、脱页者，本社发行部负责调换）

谨以此书献给我最爱的儿子杰弗里·戴维·塔马约（Geoffrey David Tamayo），他在自己短短的一生中都在帮助他人，也收获了很多快乐。

——马里奥·塔马约

自序

> 如果无法从当下的工作中获得快乐,那是很难成功的。
>
> ——戴尔·卡内基(Dale Carnegie)

这本书适合那些追求快乐工作的读者。本书与你自身的工作和所肩负的责任相关,尤其是当你承担那些枯燥的、千篇一律的,或大型的、棘手的、容易被拖延的工作时。本书也与你的团队或一起工作的同事相关,你与他们的接触是最密切、最频繁的。本书还与你所在公司的文化氛围相关。

快乐工作整体上来说很容易实现,人们也很乐意去做,而且能够提高工作效率。

我们经常听说:"工作是件严肃的事情。没有哪家公司为了寻开心而聘用员工。"他们当然不会。但如果我们可以证明,快乐地工作有助于完成任务,改善同事之间的关系,鼓舞士气,并能提高工作效率,谁还会说不呢?

在人们的观念中,似乎"工作"和"快乐"历来都处于对立面——你要么认真工作,要么享受快乐,但你不能同时进行这两项活动。你如果靠工作来养家糊口，就只能在周末享受人生。大部分人都要挣钱过日子，要想把工作当成乐趣，似乎是一种无法企及的奢侈。那万一我们可以做到呢？

对个人而言，一个人如果对自己的工作、同事、取得的成就感到满意和兴奋，他就会对工作、对公司、对自己产生自豪感，那么工作时间就会变得飞快。这给公司带来的益处是显而易见的。因为营造有趣的工作环境，能让企业在"最佳雇主"的评选中榜上有名，从而更容易吸引优秀人才。由于这些人才喜欢自己的工作，他们在企业就职的时间就会更长。

卓越职场研究所（Great Place to Work Institute）每年都会让数千名员工给自己工作场所的体验打分，其中一项是"在这里工作很快乐"。在《财富》（Fortune）杂志的"最适合工作的100家公司"名单中，被评为"卓越"公司的员工以压倒性的比例（平均81%）表示，他们在"快乐"的环境中工作。该评选带来的启示是：员工在卓越的公司中工作最快乐。换句话说，表现出色的员工，能最大程度地享受到工作的乐趣。享受到乐趣的人往往表现也很出色。这就像硬币的两面性。

在那些参加评选但没有入围前100名的"优良"公司中，只有62%的员工说在工作中很快乐。卓越公司和优良公司对于"在这里工作很快乐"的评选得分差距很大，比其他各项评选得分的差距都大，这不能不让人感到惊讶。

自序

这份令人信服的数据说明了一点：所有企业都应该致力于让自己的员工在工作中更加快乐。

那为什么还有这么多人在工作中闷闷不乐呢？是因为快乐地工作会违背"工作应该一本正经"的观点，而让我们感到内疚吗？还是因为我们害怕受到别人特别是老板的批评、嘲笑或惩罚？我们是否天生就认为，拿着工资做有趣的事是在"消磨时间"？因为若有这点时间，还不如想办法提高工作效率。也许我们每个人或多或少都有这样的顾虑。

造成我们闷闷不乐地工作的原因有很多。无论你是出于什么原因而无法在工作中获得预期的快乐，这本书都将教会你如何解决这些问题，让快乐成为你未来工作中自然而然的一部分，还能长长久久地保持下去。本书就是专为个人、团队和公司等撰写的：你们可利用简单且易操作的示例、技巧、策略和最佳实践，让工作变得更有趣，无论员工是在现场还是在网上都能轻松完成练习。

你是不是还在做着重复的、枯燥的，甚至是无聊的工作？让我们一起来改变现状，你会更轻松地完成这份有趣的工作。例如，你可以把它当成一个游戏，挑战自己能否在一定时间内完成，或者在成功完成后，给予自己一定的奖励。你做得越多，工作中的快乐就会像雪球一样越滚越大。在某项工作任务中获得的乐趣会蔓延到其他任务中去，这会使快乐加倍。这种快乐也会对你周围的人产生积极的影响，他们更喜欢和你一起工作，也希望在工作中获得更多快乐。

你可能会问:"如果我的领导顽固不化怎么办?"没关系,你仍然可以努力让自己快乐地工作,你还可以帮助其他人享受这份工作,说不定你的领导也会受到你的感染,也想一起追求工作中的乐趣呢!

当然,如果你本身就在一家有趣的公司工作,或你的领导本就是个有趣的人,那么你轻而易举就能实现快乐工作的目标。我们将举例说明,这些公司和领导经常做什么来创造快乐的工作环境,你如何敦促你的领导或公司其他人朝着"快乐"的方向发展。如果你是首席执行官或部门经理,或从事人力资源工作,你能比其他人更快地营造出快乐的氛围,而且还是可持续的!

只要换个不同的视角和方法,你就可以轻松地在工作中获得乐趣,还能帮助其他同事一起快乐起来。最后你会发现,你已经喜欢上了自己的工作,在工作中游刃有余,你的事业也会蒸蒸日上。

你还会发现快乐工作是会传染的,你会吸引其他同事,他们会被你的正能量和兴奋所感染,还会把这些正能量和兴奋都带到自己的工作中。这是我们对你的期望,也是我们撰写本书的原因。

让我们快乐起来!

前言

> 大多数人认为在工作中追求成功会让他们快乐。
> 事实上,工作中的快乐才会让你成功。
> ——亚历山大·凯鲁夫(Alexander Kjerulf)

人们历来认为工作就是劳动,也就是说,工作是我们要执行的任务和承担的责任。如果我们按预期完成了这些任务和职责,就能收到报酬。如果我们长期地做好工作,就会得到更多的报酬。如果我们长期兢兢业业地工作,也许就能升职。我们好好工作,因此赚了更多的钱,能够养家糊口,购置房产,幸福地生活。我们因此而获得安全感、声望和影响力。生活真美好!如果要追求快乐人生,我们就要想方设法在周末与家人、朋友和其他志同道合的人分享兴趣爱好。

随着时间的推移,我们对工作的期望越来越高。毕竟我们将一生中大部分的时间都花在了工作上,所以也许我们应该得到的不仅仅是薪水。我们的福利还应包括医疗保健、假期和托儿所。我们期待与同事在工作之余进行联谊。

近年来，人们对工作和雇主的期望值进一步提高。千禧一代[①]是目前数量最为庞大的劳动力群体，他们对工作和雇主的期望值更高。他们很看重的一件事就是快乐。根据研究机构Future Workplace的一份报告，39%的人力资源专业人士认为千禧一代"爱好玩乐"，仅次于"精通技术"。在调查中，86%的受访者将其列为千禧一代最突出的特点。

但工作中的快乐又该怎么定义呢？德勤咨询公司（Deloitte Consulting）的一份研究报告中给出的定义是，快乐职场"经常鼓励、发起和支持各种令人心情愉快的活动，这些活动对个人和团体的工作态度和工作效率产生积极的影响"。这不只是在员工休息室中设一张乒乓球桌，冰箱里有免费的苏打水，偶尔举办办公室聚会等。快乐职场"是一种真正的有趣氛围，员工们在相互扶持的环境中开展有意义的工作，在领导的支持和信任下获得成长的机会，这对于想要蓬勃发展的企业来说，已经成为必不可少的条件了"。

该研究报告的作者将职场视为"放大了的社会企业"，甚至还说，"职场的快乐正慢慢形成一种竞争优势"。他们将21世纪20年代称为"快乐职场的时代"。

[①] 指1982—2000年间出生的一代人。——译者注

前言

我们写这本书的目的

我们写这本书，是为了满足人们对快乐工作日益增长的期望值。我们希望将这个概念从虚无缥缈中剥离出来，真正去讨论并具体地教会员工、管理者、团队或企业，如何能将快乐融入他们个人和团队的工作中，如何把快乐变成企业文化中的一部分。我们想分享自己在工作中的有趣经历，因为快乐是生而为人不可或缺的一部分。

我和鲍勃是在佛罗里达州奥兰多的迪士尼乐园认识的，那时公司正安排员工进行一周的团建。我们都刚刚进入从事领导力培训的肯·布兰查德公司（Ken Blanchard）工作，公司的创始人肯·布兰查德博士是销售量达数百万本的畅销书《一分钟经理人》（*The One Minute Manager*）的合著者。我是项目经理，上级就是产品开发副总裁鲍勃。我们与十多名员工一起研究管理培训材料，例如培训者指南、参与者训练簿和各种辅助材料，以及培训测评、培训视频等。这是份快乐的工作，因为我们让它变得有趣了。乐趣让我们的工作更加轻松快乐，我们在员工中建立了良好的信誉。乐趣减轻了压力和恐惧，让员工之间能大胆沟通，更好地解决问题，更具创造力。这些能力对我们共同面对困难，以及更容易地解决问题都是必不可少的。

当错误发生时，我们能够从容应对。有一次，我和我的团队因过于依赖软件的自动拼写检查功能，没能发现出版物中的拼写错误。全部印刷品里"manager"一词拼写为"manger"，造成了1万美元的损失。我忧心忡忡地向鲍勃汇报了这次事故。但鲍勃没有生气沮丧："这是你这一年中最好的教训了！我打赌你不会再犯同样的错误了！"我确实再没犯过类似错误。

在与鲍勃一起工作几个月后，我才突然意识到，我之前想给妻子一个惊喜。我计划去欧洲度假三周，但一直都没向领导提出来。尽管我现在还没有攒够假期，我还是问了鲍勃是否可以请假。虽然公司规定不允许这样做，但鲍勃还是批了假，他说："马里奥工作很出色，我相信他会继续保持。我更关心的是什么激励他出色地工作，而不是一味地跟着公司规定走。"

我是"猫王"（Elvis Presley）的忠实粉丝，当我离开公司去度假时，鲍勃把我挂在办公室墙上的一张1.8米长的"猫王"海报裱了框。当我度假回来时，我惊讶且高兴地看到了它。鲍勃为我做的还不止这些。多年来，鲍勃每次去孟菲斯（"猫王"的家乡）出差时，都会为我带回一些纪念品。

我们经常做有趣的事情。我们把按摩师和催眠师请进了办公室，下午工作结束去看电影，甚至带着团队乘坐豪华轿车去迪士尼乐园，当时的司机还是个"猫王"模仿者。我们一起创作了小品和视频。一个特别有趣的新员工培训视频是我们的门口执勤人员录制的，他一边表演着脱口秀，一边宣传了公司价值观和产品。

在读到这些滑稽可笑的例子时，你可能在想："对你们来说可行，但是我的公司不会送我去迪士尼玩。你们是如何开展工作的？"答案是："我们赢得了享受乐趣的权利，因为我们做了出色的工作，而且工作量还不小。"有一次，鲍勃与公司的主要竞争对手谈到了自己部门的能力和效率，那个人说："如果我的老板知道你们都取得了什么样的成就，我真会丢掉工作的！"绩效高的员工值得在工作中拥有快乐。

多年后，部门同事都很崇敬鲍勃，还调侃说，他应该写一本《如果我是这里的领导，为什么每个人都在笑？》（If I'm in Charge Here, Why Is Everybody Laughing?）的书，并附上有趣的例证和经典语句。

大约10年后，我们最终都离开了布兰查德，转而从事其他工作，但我们仍然是朋友。30年后，我们仍然会在一起玩得很开心。鲍勃的妻子珍妮弗说："他们做任何事情都很棒，因为当他们一起工作时，我听到的总是笑声！"我们努力工作，也取得了成就，我们在工作中总是快乐的！

我们的理念是什么

我们快乐工作的理念是，任何员工都有可能从中获得乐趣且受益。以下是哪些该做、哪些不该做的注意事项，可能会对你有帮助。

我们应该做到以下5点。

1.玩乐的心态，追求快乐。我们认为快乐工作是一种选择。认真对待工作，轻松对待自己。如果以玩乐的心态开始，你很可能会在同事中找到与你趣味相投的伙伴，快乐便更容易持续下去。亚伯拉罕·林肯曾说过："大多数人的幸福感跟自己下决心要获得的幸福是一样的。"

2.开放和灵活。只要你全神贯注地投入，工作就会变得有趣，但你也需要对其他同事感到愉快的事情持开放态度。如果你只打算从本书中学习一个观点，那么请记住：遵循我们的快乐原则——让每个人都能感到安心和快乐。快乐的感受是因人而异的，所以你应该有一定的灵活性，能接受和赞赏他人的快乐。

例如，蒂法尼·麦克道尔（Tiffany McDowell）在她关于快乐工作的博士研究中发现，从事白领工作的男性表示，他们在"人际关系"中感到快乐；而从事白领工作的女性则认为，她们在"做擅长的事情"或"做创造性的工作"时感到快乐。然而，蓝领男性"享受工作本身"和"能够在工作中发挥自己的主动性"时，他们才感到工作很快乐；而蓝领女性则认为，"当她们觉得自己真正地完成一件有价值的工作时"，才感到快乐。员工对快乐的不同看法也会因年龄、性格、国籍等诸多因素而异。对某些人来说有趣的事情，对其他人来说可能并不有趣，因此你要了解你的同事，赞成他们自由地以自己的方式获得快乐。

3.体验新事物。使事情变得有趣（和滑稽）的部分原因是惊喜、新鲜感和创造力。你要跳出条条框框来思考怎么做，才会与众不同。你可以思考："在这种情况下，其他人期待看到什么？"然后反其道而行之，或者至少做一些打破约定俗成的事情。

4.学习、改进并重新应用。无论你以何种方式获得乐趣，你都可以从中学习。什么方法有效，什么方法无效，如果再来一次，你会做出调整或是改进吗？正如讲笑话需要练习、注意时机和观察细微差别一样，任何其他的风趣和幽默的尝试也是如此！你在这方面下的功夫越多，你和你的同事就越能享受快乐，工作也没耽误。

5.耐心。如果你的同事尚未接受你的快乐理念或持不参与的态度，也请坚持下去！邀请并鼓励他们在工作中做一些有趣的事情。在企业中寻找职位比你高的支持者，他有可能是你的领导，或是看起来性格"很有趣"并支持这个理念的领导。

至于不该做的事项，其实就是以上5点的对立面。

1.不要强迫他人快乐。快乐必须是自愿的，不要强加于人。如果对方不愿意，则不应强迫对方参加自己认为"有趣"的活动。正如高管教练瓦伊·波克（Wai Poc）说的："强迫性的快乐并不是快乐。快乐要能适合你和你的工作环境。当我工作的公司进行'有趣的活动'时，我总是觉得很尴尬，我总是觉得'很棒，这本来应该很有趣，但我却被迫摆出一张快乐的脸'。"你不要让别人强颜欢笑，而要让他们在感到舒适的情况下参与其中，在这一过程中支持、鼓励他们。你怎样才能确定别人感到舒适并快乐呢？你应该争取多了解他们，了解他们都喜欢些什么，并鼓励他们做更多类似的事情。

2.不要刻板生硬，不要预知未来。不要规定什么才是有趣的，不要预测什么时候工作会变得有趣，不要将快乐原则强加于人，不要成为执行快乐原则的"警察"，不要成为"快乐杀手"。让别人做他们自己认为快乐的事情。如果你开展的"快乐"活动失败了，不要训斥或惩罚他人，而应鼓励每个人从经验中学习，下次再尝试不同的事情。

3.不要总是千篇一律。如果多样性是生活的调味品，那么乐趣就是你为它添加调料的机会！要有拓展和尝试新事物的思维。如果你所在的团队刚刚开始接触快乐工作的法则，不妨先由你的领导执行你的计划。我们不能确保你的计划都会奏效，但如果你在此过程中自得其乐，那就成功了一半！

4.不要忘了你之前试过的绝招。为了做得更好，你需要思考已经做了什么，什么做得好，什么需要改进。工作中的乐趣也是如此。花点时间考虑一下你做了什么，下次怎样做才会更完美。

5.不要放弃。你尝试的方式越多，其他人就越容易融入其中，快乐将成为你工作文化的一部分，每个人都会赞赏且期待！根据我们的经验，快乐是会传染的，其他人也跃跃欲试。他们在时机成熟时，也会变成快乐的发起者，并最终带头获得更多的快乐。

本书内容

本书分为四个部分,重点介绍四个层面的快乐:个人、领导、团队和企业。

以个人为导向的快乐。本书的第一部分侧重于个人的快乐工作,这是该主题的起始点。只有当你能让日常工作变得趣味盎然,你才能在与他人或团队的合作中获得乐趣。

以领导为导向的快乐。本书的第二部分着眼于领导如何让工作充满快乐的元素。领导是能为工作定下基调的关键人物,因此,对他们来说重要的是让团队的工作和合作变得有趣。

以团队为导向的快乐。本书的第三部分探讨了作为团队或工作小组成员的你,应如何竭尽全力为工作引入快乐,这很重要!同样,如果你为团队呈现了快乐工作的观念,时时刻刻找机会制造快乐,团队的快乐工作态度便可成型,合作中就会乐趣多多。

以企业为导向的快乐。本书的第四部分也是占比最大的部分,它列举了许多活动、事件和策略,任何企业都可利用这些活动来鼓励员工在工作中获得更多乐趣,并使之常态化。经实践、规章和传统认可的快乐越多,它就越有可能成为你企业文化的一部分,即"我们做事的风格"。

如何创造快乐工作的企业文化

所有企业都是由个人组成的，因此个人是改变的基础。但如果没有高层的支持，也就无法将快乐工作的文化传承下去。为了最终让快乐工作成为企业文化不可或缺的一部分，个人需要做到：（1）意识到快乐的重要性；（2）寻找机会在工作中享受快乐，将快乐融入工作中；（3）在领导支持的环境下追求快乐。随着企业及其领导层不断地鼓励更多有趣的实践和活动——理想情况下他们自己也会积极参与——随着时间的推移，快乐便潜移默化成为企业文化的一部分，即达成企业和所有人的预期值，形成"我们做事的风格"。

如果你是个级别不高的领导，你可以在你的工作小组中做一些事，并吸引其他有趣的人，发起一场"草根"运动。这虽然需要更长的时间，但是可以带来变革的动力。如果你是级别高的领导，你会对工作团队产生更加重大的影响。如果你在人力资源部门工作，或担任董事及以上职位，则你的影响范围就更大更广，你可以在企业更快地进行变革。用你有趣的行为以身作则，让其他人效仿。读了本书后面的理念和案例之后，你就能了解别人都是怎样成功做到快乐工作的，你也可以做到！

如何充分利用本书

本书旨在成为职场人士不断充实自己的参考资料，你可以从中学到很多快乐工作的法则。当你想尝试新事物时，可以读一读本书；或者在团队中传阅本书，让他们选择个人或者整个团体可以尝试的快乐工作法则。它甚至可以让一个之前不"明白"的人茅塞顿开，它在从先前延续下来的那种严肃的、没有快乐的工作模式下仍然见效。无论如何，这本书都将为你、你的团队和你的企业带来无限的可能。

我们每个人都可以选择快乐工作，就像我们也可以选择痛苦工作一样（或者默认情况下，因为不做选择而变得痛苦），还让我们周围的人也跟着痛苦，甚至把痛苦带回家里。（注意：研究表明，普通人平均花15%的时间在家里抱怨老板！）

我们希望你能明智地做出选择，希望你在此过程中尽享快乐！

敬请注意

- 你将要读到的事例都是真实的。
- 如果你决定要采纳一个或某些方法，那么你和你的同事们都要注意啦，快乐就要到来。
- 在快乐工作的进程中没有人会受到伤害。

记住

- 快乐因人而异。
- 多了解周边的人。
- 使每个人都能感受到安心与快乐。

目录

第一部分　以个人为导向的快乐 —— 001
第 1 章　我工作，我快乐　　003
第 2 章　惊喜、鼓舞士气和体贴的示范　　022

第二部分　以领导为导向的快乐 —— 035
第 3 章　管理技巧　　037
第 4 章　会议与办公室沟通　　049
第 5 章　表彰　　062

第三部分　以团队为导向的快乐 —— 077
第 6 章　网上办公　　079
第 7 章　游戏与竞赛　　097
第 8 章　团建、团队和委员会　　115

第四部分　以企业为导向的快乐 —— 129
第 9 章　工作环境　　131
第 10 章　办公空间设计　　145
第 11 章　食品　　155

第 12 章	狗和宠物	164
第 13 章	艺术	171
第 14 章	庆祝活动、生日与周年纪念日	180
第 15 章	慈善与志愿者服务	196

结语　206

致谢　209

第一部分
以个人为导向的快乐

快乐工作始于每个人,始于思考这个主题时的思维方式,然后就是如何将快乐法则应用到日常生活、工作任务以及与同事的互动中。

如果你想让工作变得更有趣,你要以它为主且持有寻找乐趣的态度,寻找机会以不同的方式在你的日常工作中融入有趣的活动。快乐工作主要靠你自己,你会很快吸引和鼓舞其他志同道合的同事,这会让你更容易获得更多的乐趣!

只要你用心去做,任何工作都会变得有趣。我们将分享我们和其他人的个人策略,让你学习如何给那些枯燥无味、千篇一律的工作改头换面。

任何改变都始于一些自我反省,然后是"稚嫩地"尝试新举措,确定哪些举措是有效的,并从这一过程中学习,之后开始有的放矢地实施。

这一部分的章节是"我工作,我快乐"和"惊喜、鼓舞士气和体贴的示范"。

第1章
我工作，我快乐

> 我去办公室是为了享受生活，工作也随之自然而然完成了。
>
> ——吉滕德拉·阿特拉（Jitendra Attra）

每个人都能从工作中寻找乐趣。《商业新闻日报》（*Business News Daily*）最新的研究报告显示，我们都认为娱乐会让人分心，但它实际上能够提高员工的应变能力，让员工变得积极向上，更好地完成工作任务。如果能在工作时找到乐趣，我们便会全神贯注地工作，而不会把它当成一个可怕的事情，一而再，再而三地逃避。

当鲍勃面临棘手的工作或项目时，他更喜欢和同事、朋友或妻子分享自己的感受。经过沟通，他才明白为什么自己会害怕面对这份工作。通过大家的分析，他对未知的恐惧也会逐渐消失。如果这个项目是他之前从未接触过的，那么在沟通时，各种各样的思路都会涌现。于是他就可以相互权衡，确定先做什么后做什么，从而瞬间进入工作状态。如果这是一项日常的工作琐事，比如整理办公桌或计算收支平衡，那么他就干脆从正在进行的大项目中脱身出来，把这些微不足道的工作当休息。无论工作重要与否,鲍勃都会在工作中自得其乐。当有人和他分享一些有趣的东西——搞笑短信、网红爆料、逸闻趣事或是笑话时,他每次都会最少与3个人分享,重温那些让人忍俊不禁的笑点。

当马里奥要处理无聊的工作时,他总会好好思考一下"为什么,怎么做"。如果任务艰巨,他会将其一一分解,以便于管理。只要工作有进展,他还会想办法奖励自己——休息一下或者吃些糖果。如果任务紧,他就会早起,集中精力"把它干掉"。他这些年怀着感恩的心情写了很多日记,这有助于他只关注生活中的积极方面。

我们都可以向鲍勃和马里奥学习,他们的这些方法适用于每一个人,能让我们在工作中找到更多的快乐。我们将在本章探讨对大多数人都有用的技巧和策略,它们也许对你也有帮助。事实上,我们感到很惊讶的是,使工作变得有趣的方法多种多样!不同的人所用的方法各不相同。为工作带来快乐的方法是无限的,这也太鼓舞人心了吧!

你越是想方设法从工作获得快乐,你的工作就越有乐趣。如果你能从所有工作中都享受快乐,你将会感激自己对工作的态度,这一点相当重要。

要学会享受快乐

家住得克萨斯州奥斯汀附近的布拉德·泽纳（Brad Zehner）博士是位教授，也曾是几家公司的总裁。关于工作中的快乐，他分享了自己的理念："自从我获得工商管理硕士学位之后，我对自己的要求很明确：'如果我在工作中的大部分时间都不快乐，那我宁愿不要这份工作。'我是14个兄弟姐妹中的老大，为了上大学交学费，我打过很多工。因此，我也就成为人们眼中的怪人，专门喜欢解决各种各样的管理难题。我从未觉得工作是枯燥无味的。"

拉蒙·格里贾尔瓦（Ramon Grijalva）博士是加利福尼亚州好莱坞的电气和电子工程师协会（IEEE）副主席，他说："其实生活就是自己在玩游戏！当年我与加利福尼亚的长滩市政府的人员一起工作时，他们编制了无数的表格，每人都必须填完这些既无聊又痛苦的东西，所以我在精神上适应了进入'机械模式'，说服自己调整好心态。我会在这之外建立自己的工作模式（有条不紊、创建工作列表等），然后以最快的速度完成那些烦人的工作。"

加利福尼亚州洛杉矶急诊医学专家杰茜卡·西姆斯（Jessica Sims）博士说："我在工作中能全心投入并感到快乐的最重要原因，是我选择了以使命为导向的职业和人生。我的职业使命是推动医疗保健事业朝着更可靠、更公平和可持续的方向发展。我的人生'使命'是让我遇到的每个人都变得更快乐，到过的每个地方都变

利用 5~10 分钟的休息时间快乐起来

1. 表扬某人做某事
2. 为别人做点好事
3. 浏览最喜欢的手机应用软件
4. 给别人讲笑话
5. 冥想
6. 听一两首喜欢的歌曲
7. 伸伸懒腰
8. 到室外走走
9. 爬一段楼梯
10. 为慈善机构捐款

得更美好。"

"在每日的生活以及事业转折时期，我都会根据这些使命来权衡各种选择。即使我发现当下的任务超出了我的职责范围或远远'低于'我的能力和水平，如果它仍符合我的使命，我便还会对目前的工作感到满意。例如，有时我在照顾病人，同时做着秘书或护士的工作。做着其他人的工作当然令人沮丧，更何况我还有自己的职责、两个学位证书和25年的专业经验，但我不能因为'那不是我的工作'而忽视病人的需求。"

"当我意识到完成这些琐事也会有所作为，还能向员工表明这些事情的重要性时，我发现这比工作本身更有意义。我还想到了马丁·路德·金的几句名言：'做对的事，永远不浪费时间''如果不能成就伟大的事业，我就以伟大的方式做小事。'"

位于科罗拉多州斯廷博特斯普林斯的一家生物健康培训公司Genetic Synergy

的总裁查理·蔡斯（Charlie Chase）说："对快乐的感受是因人而异的，例如，有人可能喜欢唱歌或听音乐，其他人可能对工作高效感到兴奋，而也有人在独自完成项目时感到最幸福。"对他来说，快乐又是什么呢？快乐就是坐在电脑前制定投资策略："当你快乐时，你就会更富有创造力，它会渗透到你生活的方方面面。"

查理建议在ColorCode.com网上使用性格测试工具进行20分钟的颜色性格测试，来确定你内在的动机，其中包含四种颜色：

·红色：渴望技术加持、自己总是对的、受到尊重。他们是强大的领导者，喜欢挑战。

·蓝色：渴望正直、他人钦慕。他们专注品质，有很强的关系网。

·白色：渴望他人接受、待人和善。他们逻辑性强，比较客观，能够容忍他人。

·黄色：渴望受关注、自得其乐。他们热爱生活，热爱社交，积极乐观，率性自由。

查理说："你可以通过他们说的话、他们的精力、他们对时间的安排来判断他们是内向的还是外向的，他们是理性的还是情绪化的。如何与他人交流至关重要，跟每种颜色性格的人的交流方式都不一样，要学会用他们的沟通方式来交流。"

一些小事

营销经理凯蒂·希恩（Katie Sheehan）就职于一家总部位于加利福尼亚州奥克兰的出版商Berrett-Koehler Publishers，在她将待办事项清单的标题改为"快乐清单"时，她的心态也跟着变了。

位于伊利诺伊州舒格格罗夫的科技公司Insight Enterprises的资深学习专家休·伯奇（Sue Burch）说："虽然科技一直在进步，但毫无科技含量的皱巴巴的纸却能帮助我们记忆，帮助我们解决问题。所以我经常把棘手的工作写在便利贴上，任务完成后，就把便利贴扔进垃圾桶。如果你有一块白板，拿来贴便利贴再好不过了。"

咨询公司Jordan Evans Group的总裁、多本书的合著者沙龙·乔丹·埃文斯（Sharon Jordan-Evans）说："我工作保持快乐的秘诀是戴上那些宝贵的小耳塞，然后播放一些美妙的爵士乐。现在管理者常常允许（甚至鼓励）这种行为。他们很快就会收获回报，因为员工心存感激，更加投入工作，而且有可能他们在公司就职的时间更长！"他与别人合著了多本书，包括《爱他们还是失去他们：留住人才》(*Love'Em or Lose'Em：Getting Good People to Stay*)。

在南美洲哥伦比亚一家咨询公司工作的葆拉·阿朗戈（Paola Arango）说："我每天都是高高兴兴地穿衣打扮。我咨询了形象顾问，让他们来指导我的颜色搭配，让我看起来更光鲜靓丽：他们将形象设计与我的风格、性格和快乐联系起来。很多时候为工作打扮和化妆成了我的风向标,预示着这是充满能量的一天。我会戴不同的戒指,喷各种香水,涂不一样的眼影和口红,换有趣的鞋子。我还想象我就职的公司就是自己的公司,这就是我竭尽全力工作的原因。"

唐娜·弗雷米德(Donna Fremed)是一家公司的人力资源顾问业务合作伙伴,她在开始处理工作、个人事务或项目之前,通过"选择我要用的钢笔、彩色记号笔或铅笔"来寻找乐趣。她说:"有些钢笔,我还记得是从哪里买来的。例如,我在亚特兰大出差时,得到了一支可口可乐的笔。此外,我还有一组新的'细线'记号笔,我将用它们画画和写字。我现在都等不及要用它们来画画了!"

位于北卡罗来纳州格林斯博罗的公寓管理公司Bell Partners的培训副总裁克里斯蒂娜·吉尔摩(Christine Gilmore)说:"我使用彩色记号笔和记事本做记录、画记号等,尤其是在电话会议上。我一个同事的桌子上有盒有趣的东西,她会在视频会议上举起一个有趣的剪断的怪物,你稍微留神就发现了。她会顶着紫色的莫霍克假发走进集团会议室,无论你是在她面前还是在Zoom[①]视频会议上,盒子里的任何东西都能让你措手不及。我们会在同事的办公桌上留下小忍者玩偶和一张纸条,写着'你做得不错哦'。我们团队会突然

---

① Zoom,一款多人视频会议软件。——编者注

在 Zoom视频上或小组会议里挥舞着荧光棒（每个人办公桌上都有荧光棒）。大家每次小组会议都由不同的员工带头活跃气氛，大家每周轮流负责提出与指挥这件事。现在每个人都在家里工作，每过一段时间，我都会向团队寄送护理包，以及一些他们最喜欢的东西。"

在特拉华州威尔明顿的法院管理办公室，培训师兼教育家艾莉森·加洛（Allison Gallo）走过大厅时，她透过敞开的办公室门向她的同事做鬼脸，这让她和同事的上班时间都轻松多了。她办公室里还有玩具——减压球、机灵鬼人偶、发光玩具、一只橡皮鸡、一双玩偶的手。"我们轻轻松松就可以拿到这些玩具。"曾经，艾莉森很难从同事那里得到一份她需要的报告，于是她有了创造性的想法。她让一名团队成员拍了一张照片，照片上她一手拿着一只毛绒兔子的耳朵，一手拿着吹风机对着头吹风。她把照片打印出来，然后把从杂志上剪下来的字母贴在它周围，拼出来的句子是："把'X'报告发给我，否则兔子去拿了！"加洛说："我解决问题的新颖方法让每个人都大笑起来。"

爱达荷州波卡特洛警察局的局长助理唐娜·梦露（Donna Monroe）在上班时带来了从泡泡糖机、麦当劳、1美元商店买来的小玩具，还有篮球圈、3D眼镜、佩斯糖果、小手枪等。她有个盒子，里面全都是小收藏品，偶尔会把它们拿出来玩！这让她和周围的同事立马变成了孩子。这确实是快乐的时光！她还给共事的人起了昵称。

她想到什么（当然，都是适合的、可爱的）就起什么昵称，之后就用昵称来称呼对方。其他同事也学她的样子，因此她也有很多昵称。所有的昵称都非常有趣。

作家兼领导力教练帕蒂·沃根（Patty Vogan）说："我们都知道竭尽全力来完成任务是什么感觉，就如同车在没油时空跑或在冒烟中行驶。汽车有警示灯和预警声，来告诉我们燃油不足、轮胎压力低、车门未关或电气问题。这些你无法忽视吧？"

沃根是首席执行官职业发展公司伟事达国际（Vistage International）首席执行官小组的主席，他提出了两种方法来释放能量并增加快乐，这样你就可以让汽车在冒烟或者更糟的空转之前"加油"：

方法1：喝水。沃根说，"你的大

利用 30~90 分钟的休息时间快乐起来

1. 呼吸新鲜空气
2. 在公园散步
3. 听TED[①]演讲
4. 看书或听书
5. 健身
6. 骑自行车上下班
7. 学习一项新技能
8. 玩团队游戏
9. 参观博物馆
10. 购物

---

① TED是Technology, Entertainment, Design（科技、娱乐、设计）的缩写，是美国的一家私有非营利机构，该机构以它组织的TED大会著称。——译者注

脑65%~85%都是水，事实上，你的肾脏和肝脏也有这么多的水。你能感受到大脑、肾脏和肝脏在工作吗？不。那你什么时候能感受到？当他们不工作时。脱水会出现多种症状。在身体层面，能获得更多体能的神奇方法就是喝水。有一条经验法则：取你体重大约一半，这就是你每天喝水的量。根据妙佑医疗国际（Mayo Clinic）的说法，如果想预防心脏病发作或中风，请在睡前和洗澡前喝一杯水。此外，白天保持足够的水分，有助于避免夜间腿部抽筋。每天要喝适量的水，其额外收获就是你的皮肤更好了。"

方法2：保持精神焕发。沃根说，"其实在思想上我们可以把工作想得很简单，是我们自己把它想得困难重重。这是很简单的3个字：爱他人。我们的工作就是体现、展示、表达爱。我来到这个星球上，不是以自我为中心占据空间，然后死去。我相信你也不是。"

沃根说，我们都有可以分享的天赋

以下是沃根学习为他人服务的5个简单步骤

1. 为某人开门
2. 给予真诚的赞美
3. 盘点你的才能，常用常新
4. 倾听，有人倾听的感觉就和得到关爱的感觉一样
5. 挺身而出，对人友善

和才能。发挥你的才能,并通过为他人服务来发挥作用。"放慢脚步,靠为他人服务来赢得比赛。"

沃根说:"每当你与刚刚从慈善机构或服务领域做完事的人交谈时,你会听到他们说:'哇,我得到的比我帮助的人得到的还要多。'充满精神能量的关键是为他人服务。"

沃根总结道:"总而言之,如果你想获取更多的能量,记得喝水,并考虑你的水摄入量是否满足了身体需要。另外,通过爱他人、为他人服务来增加你的精神能量。"

步骤分解

加利福尼亚州圣地亚哥的客户咨询培训公司Toister Performance Solutions的讲师杰夫·托伊斯特(Jeff Toister)说:"这是我使用的一个简单技巧,是根据番茄时间管理法(Pomodoro Technique)改编而来,它让工作变得更有趣。"

1. 选择要关注的项目。
2. 避开所有干扰,包括电话、电子邮件和其他任何通信方式。
3. 定时20分钟。
4. 在短时间内全神贯注地投入。

"我发现这能让我进入高度专注和享受的心理状态。工作变得更自然，我做得更得心应手。当计时器响起时不可避免地让我感到懊恼，我还没工作够呢！"

你想获得一种有趣的方式来学习新的软件程序（或提高你原有的技能）吗？密苏里州圣路易斯的医疗保险公司Centene Corporation企业联络中心的课程设计师迈克尔·拉夫林（Michael Laughlin）提出了一个建议："准备一份小奖励（一杯最喜欢的饮料、15分钟的休息时间或与同事聊天时展示自己的新技能、新技巧），设30分钟的定时。在你启动计时器之前，请打开软件制造商的网站，查看你尚不知道的软件功能（或者如何启动该程序），去短视频平台YouTube上搜索该功能。打开你的软件，打开计时器，并开始播放短视频。随着提示的进行，每一步都暂停视频，并在自己的计算机或设备上完成这一步，直到任务完成。现在关掉视频，自己做一遍。关定时器，接下来……祝贺你完成了任务！"

内华达州拉斯维加斯的作家卡罗尔·巴顿（Carol Patton）说："在处理我不喜欢的任务时，我会将其分解为多个阶段，并在工作的过程中奖励自己。例如，如果我完成了这部分任务，就可以散步、打电话给朋友或者吃掉我垂涎已久的冰箱里的软糖。有时候，我可能会在周六早上工作，以减少每周工作的难度或忙碌。这能够减少周一早上的痛苦。我很少把所有工作都满满地从周一排到周五，从早上8点排到下午5点。"

劳丽·唐奈利（Laurie Donnelly）是加利福尼亚州洛杉矶的在

线教育公司Retooling the Workforce的学习和发展专家,她提出了以下能让工作变得有趣的方法:

· 从截止日期倒数回来,我对各项任务进行编号,并为每个任务设置完成时间。我为每组任务都设定了截止日期,就像要完成销售任务一样。当我达到一个里程碑时,我会给自己一个奖励。比如,去做美甲。

· 马友友在2015年的一场演出中完整演奏了约翰·塞巴斯蒂安·巴赫(Johann Sebastian Bach)的6首无伴奏大提琴组曲。他凭记忆演奏了近3个小时,中间仅有一次短暂休息。任务相当艰巨,在8000名观众专注地聆听和观看下,他一如既往的优雅表演是鼓舞人心的。仿佛一股宇宙力量在助力他的双手,庄严的音符从他的大提琴中奏出,回荡在整个大厅。当我一边聆听他的演奏,一边工作时,我就想象我的手也一样受到同样的助推,这敦促我更好地设计网络课程内容。

· 当我有精神障碍时,我会"远程办公"。按专业术语,这叫作躯体疗法。我发挥想象,好像我人就在2019年的科切拉(Coachella)音乐节上随着费舍尔(Fisher)唱的《失去它》(*Losing It*),在观众面前跳起舞来。我还有一件喜欢做的事,就是在音乐会现场体验埃米纳姆(Eminem)的《直到我崩溃》(*Till I Collapse*)。来自休·杰克曼(Hugh Jackman)的电影《铁甲钢拳》(*Real Steel*)里的音乐也有用。振作起来!

- 在新冠肺炎疫情期间，我的放松方法是休息15分钟，做瑜伽伸展运动（也被视为躯体疗法）、画水彩画或洗个薰衣草味的热水澡，所有这些方法都可以让我恢复活力。
- 当我在办公室上班时，我会走到洛杉矶现代艺术博物馆（MOCA），将我的教学设计工作假想成一件挂在博物馆里的艺术品，在参观的过程中寻找工作灵感。
- 同样地，我会步行到公共图书馆阅读10分钟的经典著作。读书既可以提高理解力，也可以获得灵感。如果没有时间去图书馆，我会坐在室外阅读，也可以取得同样的效果。

多米尼克·弗鲁奇特曼（Dominique Fruchtman）是洛杉矶的一个人力资源专业协会的项目主管，也是加利福尼亚州棕榈泉一款逃脱游戏的所有者。她说，当她还是个孩子的时候，母亲曾给她35个礼物盒，并让她用2个小时把它们全部包装好。她没有抱怨或慌乱，而是想出了一个方法：她按大小排好盒子，先裁好所有的纸，在尺子上粘好几条胶带。多年以后，哪怕在今天，她包装礼物时，也采取同样的步骤。她用如下几种方法来获得快乐和高质量完成工作。

- 确定一种新方法，不一定是完美的。设置一个计时器，这会让你全神贯注。看看你能做多少，努力做到最好。这就像催眠术，你仿佛置身于游戏当中，正在努力提高自己的能力和速度。
- 有逻辑性地将任务分解成几步，就算以前从未尝试过也行。例如，做家务前，稍事休息，告诉别人不要打扰你，关掉手机，拿一瓶水，然后埋头苦干。

·像玩游戏一样工作，工作效率会更高。例如，如果要校对某些文章，就好像自己在参加奥运会上的校对比赛一样，还一举拿到了最好成绩。

·列清单，每完成一项便划掉对应的内容，以显示进度。

·打电话给朋友寻求帮助。

改变工作方法

韦罗妮卡·S.哈维（Veronica S. Harvey）博士是位于亚利桑那州菲尼克斯的一家咨询公司Schmidt Harvey Consulting LLC的创始人兼校长，她说："当我还是个小女孩时，我和哥哥喜欢做的一件事就是在厨房里玩'留薄荷'游戏，即把花生酱和巧克力拌在一起。哪怕我们都长大成人了，再玩一次也会感受到无限的快乐！保持好奇心，尝试新事物，花时间创造新的更好的工作方式，可以使工作变快乐。不断学习新方法使我的工作变得更有趣。作为敏锐学习领域的专家，我热衷于研究学习的敏锐性对长期成功的重要性，但我们经常忽视学习可以带来的快乐。将过去的经验与新的见解相融合，从而形成一种全新的方法是有趣的。在新冠肺炎疫情期间，我与他人共同编辑一本书。我从其他作者的写作中学到了很多东西，所以感觉（大部分时间）我的工作更像是一种爱好而不是一件苦差事。这些点点滴滴既鼓舞人心又有趣。更有意义的是，敏锐学习的推广将赋予许多人能量，让更多人享受自己的工作，找到快乐。"

位于新泽西州泽西的肉类及家禽产品批发公司DeBragga & Spiller的首席人力资源官阿尔伯特·弗拉齐亚（Albert Frazia），分享了他在工作中采用的一种提高士气、能量、生产力和快乐的方法："如果我正着手一项特别艰难的工作或项目，我有时会'跳出框框'来思考它。当我在曼哈顿工作时，我最喜欢的地方就是曼哈顿中城的布莱恩特公园。春夏两季，草坪上都设有桌椅供游人使用。布莱恩特公园是热闹喧哗的曼哈顿中的一方清静之地，能让人感到身心放松。这大大提高了我的工作效率。"

胡德萨·加兹维尼安（Hoodsa Ghazvinian）是伊朗一家咨询公司Industrial Management Institute的管理顾问和领导力顾问，他养成了两种习惯来给工作减压，寻找乐趣。

习惯1：我会看一两场最喜欢的歌手演唱会。歌手是台上伟大的表演者，他们与观众分享乐趣和能量。我从演唱会获得这种能量，进而调整自己，进入最好状态的同时，让别人也一起快乐。一切都变得像个剧本，我充满了勇气、活力和幸福。

习惯2：我会把心里涌上来的第一个念头画下来。当我的想法以丰富多彩的方式在纸上表现出来时，我觉得将想法变为现实更容易了。

第1章 我工作，我快乐

畅销书《流沙》（*Shifting Sands*）的作者史蒂夫·多纳休（Steve Donahue）说："我在演讲时会做一些有趣的事情：我经常在演讲中穿插自己在撒哈拉沙漠的旅程。这个故事贯穿整个演讲，当我自动播放非洲鼓的照片时，观众很快就熟悉了我使用的这种独特的叙事技巧。为了让观众融入进来，我会将点击笔给台下的一位观众，让他根据我正在叙述的故事来决定什么时候播放下一张幻灯片。当然，他们永远都不会合拍，要么太快，要么太慢，我不得不调整速度，进行即兴表演，让观众感到高兴。这对我来说也很有趣，因为事实上我是知道故事结局的人。这个故事我已经讲了一千遍了。这为我那千篇一律、例行公事的演讲带来了快乐。"

让枯燥的工作更有趣

只要愿意尝试，任何人都可以让工作变得更有趣。德比·福斯特（Debi Foster）就职于内华达州北拉斯维加斯的任务支持和测试服务中心的通信与政府事务部，她告诉我们她是如何让枯燥的工作变得更有趣的。

我们公司有一家商店，出售公司标志物品、折扣票和礼品卡。员工可以购买物品，或者根据我们的奖励计划，他们可以得到一张25美元或50美元的奖券，他们可以用该奖券在商店里消费。

我每天在店里工作一小时，有时很忙，有时坐在那里是一件苦差事，因为我办公桌上还堆着很多要做的其他事情。为了能快乐地工作，我跟到窗口付钱的员工聊天，问他们问题，或者给他们的购买方案提建议，而不仅仅是收他们的钱或奖券。

当他们兑换奖品时，我问他们是怎么赢得奖励的，他们有的答得飞快，有的会详细说明过程，还有的甚至会说他们也不明白为什么获奖。但无论答案是什么，我觉得他们都很高兴我对此感兴趣,这对我的帮助极大,因为我当时也在管理奖励项目,当员工告诉我他们不知道自己为什么赢得奖励时,我就会提醒经理,让他们在颁奖时具体说明一下情况。

当有人购买电影票时,我会问他们打算看什么电影。或者如果有人购买加州乐高乐园(LegoLand)的门票时,我会提醒他们一定要看看美国迷你乐园(Miniland USA)展览,因为那里有由乐高积木建造的拉斯维加斯和其他城市的大道。即使有人只是挑了一张礼品卡,我也会鼓励他们用在自己身上(因为是他们获得了奖励),而不是将其赠送给配偶或孩子。有些不怎么喜欢互动的员工买完东西就赶紧去上班,有些员工因为我对此感兴趣而惊讶,还有些员工和我交谈甚欢,我竟然因此延迟了关店时间!

第2章

惊喜、鼓舞士气和体贴的示范

> 我只想快乐。在追求快乐的路上,我从不孤单。
> ——谢里尔·克罗(Sheryl Crow)

怎样才能让员工在工作中获得更多乐趣?快乐的员工有更高的工作效率。英国华威大学对700多名参与者进行了一项研究,结论显示,幸福感的增加使生产力提高了12%。根据本·瓦伯(Ben Waber)的研究,公司可以通过做出微小的改变来提高25%的生产力,从而增加员工幸福感和满足感,例如可以将午休时间和下午茶时间连在一起。因此,无论是个人还是团队,花点时间在职场传播快乐都是值得的。以下是一些人在上班时间做过的简单且有趣的事情。你可以把这些事情当成一个"入门套餐",并将这些事情收集起来武装自己的"快乐工具箱",与同事一起分享快乐!

总部位于英国萨里的一家租车公司Enterprise Holdings的欧洲人力资源助理副总裁吉尔·布恩(Jill Boone)会在周一早上(有时每天)通过电子邮件向工作压力很大的员工们发送鼓舞人心的名言。

她说:"我知道他们收到了很多其他布置任务的邮件,所以要确保他们至少收到一封只是为了鼓励士气、带来能量的邮件。"

作家凯利·埃珀森(Kelly Epperson)说:"没有什么能比便利贴更实用的了。"她用两种方法来写便利贴。第一,她会写上名人名言、滑稽的谚语或同事之间的笑话,将它们贴在办公室。她有时会在电脑屏幕上贴一张便利贴,上面写着:"天哪,你还不错嘛!"第二,她在办公室里走来走去,额头上贴着一张纸条,上面写着:"我这日子也太糟糕了吧!"埃珀森说:"一贴上它,心情瞬间变好。尝试一下!"

电话公司PacBell的丽贝卡·塔夫特(Rebecca Taft)说:"作为图形艺术家的经理,我用过的最成功的改变心情的技巧是,我批准他们在组装物件时使用贴纸。"她不说那些陈词滥调,比如"干得好",或表扬小学生的那一套,塔夫特给同事们发季节性贴纸。其中包括圣诞节的小雪人、圣诞老人或花环,独立日的旗帜和烟花,万圣节的黑猫或南瓜等。塔夫特补充道:"这并不时尚,但大家真的很喜欢它们。许多人把它们撕下来贴在显示器上。我还有很多存货,所以大家很少收到重复的贴纸。"

唐娜·金茨(Donna Gintz)是亚利桑那州菲尼克斯经济安全部办公室的一名教学设计师,她经常向同事发送在线贺卡。她还制作视频并插入有趣的图片。

每个人都喜欢笑话。肯塔基州路易斯维尔的一名报社员工鼓励

8种鼓舞士气的特别技巧

1. 通过手写便条、电子邮件或社交软件，向同事表达真诚的谢意
2. 表扬下属时要全神贯注，进行眼神交流
3. 自发地举行庆祝活动
4. 向全公司公布员工的成就
5. 对优秀员工进行分类奖励
6. 用可回收材料制成手工或定制的有趣奖品
7. 安装和使用表示感谢的白板
8. 赠送礼品卡——给他们真正需要的东西

讲个好笑话的4个步骤

1. 做好烘托
2. 只提供必要的信息，少即是多
3. 暂停，然后说出"意外"的妙语
4. 如果你从来没有在公共场合讲过笑话，先练习一下

她的部门每天播放笑话、励志和成功的故事——所有能让大家享受工作的内容。

美国银行旧金山分公司举行了一个月的笑话挑战赛，所有员工都竭尽全力让同事大笑。他们用卡通形象和笑话逗同事大笑。获奖者收到了印有最佳笑话和卡通图片的T恤和书。

总部位于伊利诺伊州芝加哥的房地产投资公司LaSalle的员工们通过"行走的粉笔"来鼓励同事们。他们拜访了住在附近的同事，用彩色粉笔在人行道上写了很多积极向上的话语。

唐娜·梦露（Donna Monroe）不仅是一名警察局局长的助理，还是该警察局的爆米花厨师。在该局的"爆米花日"那一天，梦露摇身变成了爆米花厨师。她带来了纸袋、调味盐和黄油。当玉米爆开时，她就把调料放进微波炉里融化。梦露说："每个人都闻到了香味，他们都聚集过来！我得到了很多微笑和感谢。"一些同事帮助购买了黄

油、食用油和爆米花。她接着说:"有些人吃了爆米花之后,会在桌子上放一些零钱。人们边聊天,边等待下一批玉米花爆开、涂黄油以及装袋。爆米花很受欢迎,大家都很轻松愉快。"梦露有时还会带来冰激凌、蛋筒、杯子和勺子。

位于加拿大多伦多的快思维国际软件公司(CaseWare)中的一个部门给每位员工发了一盆向日葵,放在他们的办公桌上。员工觉得向日葵让人感到轻松,使办公室变得明亮,尤其在冬天。

当杰米·瓦伦(Jaymie Wahlen)担任位于伊利诺伊州芝加哥的客户洞察技术提供商Dscout的主管时,她因团队完成了新产品的发布,要给团队成员一个惊喜。团队成员经常开玩笑说要去办公室对面的雨林咖啡馆。瓦伦邀请他们共进午餐,地点"待定"。当他们走到雨林咖啡馆门前时,她迅速从前门右转。当同事们意识到瓦伦选定的餐厅正是他们渴望的雨林咖啡馆时,他们那惊喜的反应是"千金难买"的。瓦伦说:"我们一边端着大象形的杯子大口大口地喝着咖啡,一边大喊大叫,好像间歇性的'雷雨'。我们聊着聊着,就说到了童年的生日聚会,所以我们一起拍了照,假装是三年级学生正在开着史上最开心的派对。"

当海莉·本汉姆-阿奇迪肯(Hayley Benham-Archdeacon)还是一名大学生时,曾在齐氏超市(Trader Joe's)兼职。有一次,她因学业繁重不得不打电话以"学习"为名请假。她向经理解释了情况,经理回答说:"嗯,还真棘手。好吧,你是想请明天的假,还

快乐工作法

5 种带给他人惊喜的方法

1. 每天通过电子邮件发送有趣的消息和图片
2. 提供免费的零食
3. 在桌子上放些糖果
4. 为团队成员安排10分钟的上门颈部或肩部按摩服务
5. 给员工20~100美元把自己的办公桌装饰得既有趣又好玩

是后天也请?"她一直在道歉,说自己没有管理好时间,导致团队人手不足。经理说:"我们会解决这个问题的。考试要取得优秀成绩啊,加油!"本汉姆-阿奇迪肯说:"我至今仍不敢相信当时发生的一切。"

总部位于威斯康星州希博伊根的金融服务公司Acuity的首席执行官喜欢用一些小东西给员工惊喜,例如在美国独立日发礼品卡,感谢员工的辛苦工作。新员工甚至在开始工作之前就会被邀请参加社交活动,包括公司假日派对。这让他们在入职第一天就能融入友好包容的集体中。公司还会举办野餐、午餐间小活动,每月邀请员工的家人和朋友参加这些活动。

总部位于加利福尼亚州旧金山的金普顿酒店(Kimpton Hotel)的员工们不仅举办了即兴舞会,还在休息时进行瑜伽、接球游戏、障碍跳等活动。

梅莉萨·格罗修斯(Melissa Grothues)

是一家用户体验设计公司的前企业文化经理,她不仅开创了生日惊喜派对的传统,还准备了一个1.2米高的达恩·韦德(Darth Vader)蛋糕。她把蛋糕和糖果藏在储藏室,在一个寻常的下午突然拿出来,所有人都为此大吃一惊。格罗修斯说:"这成了我们小组同事本周最津津乐道的话题。"

位于俄亥俄州韦斯特莱克的软件公司Hyland的经理们不仅会向远在他方的员工赠送惊喜礼物,而且会在一年中选择特定的某一天,亲自开着高尔夫球车把员工从停车场送到办公室。

优步(Uber)的一位部门经理通过了加州律师考试。在结果公布后的第二天,该公司全球通讯部负责人萨拉·马克斯韦尔(Sarah Maxwell)在该经理的办公桌摆上了香槟、鲜花和贺卡。

约翰·文图拉(John Ventura)在担任通用动力(General Dynamics)电子部门的营销经理时,经常租加长豪华轿车,带着他的国际客户游览圣地亚哥。将客户送至酒店后,他心血来潮去了公司的健身中心,接上一些同事,邀请他们享受豪华版的市区一日游。文图拉说:"我想向其他员工展示公司生活的另一面是什么样的,那一天我们都玩得很开心。"

印象笔记(Evernote)是一家位于加利福尼亚州雷德伍德的笔记应用程序公司。公司同事给新员工查兹利·阿泽维多(Chazlee Azevedo)举办了一个惊喜的婴儿送礼会(baby shower)。阿泽维多说:"能来这里上班,我已经很高兴了,现在我更兴奋了。"

☺ 快乐工作法

互联网招聘公司Hyr是一家为人手不足的企业和2万多名临时工提供线上对接平台的公司,当该公司的首席执行官听说一名员工开重大会议前总是因为床上用品不舒适而睡不好,他便订购了一对羽绒枕头寄到她家。而且,当得知一名员工利用假期时间找了一份临时的户外工作时,其所在的小组的一名成员给她寄了一件保暖外套。

恶作剧好玩吗？

如果你想知道恶作剧是否能提高士气，答案是：不太可能。恶作剧通常是一种以牺牲少数人为代价的幽默，而当事人很可能会因恶作剧而感到被冒犯，还有可能成为别人的笑柄。

鲍勃曾与一位获得"白痴奖"的客户合作过，该"奖项"会定期颁发给那些在工作中犯了严重错误的人。最初，这看起来很有趣，但很快有人在获得"奖项"时感觉受到了冒犯，迅速将过错归咎于他人。最终，公司便取消了该"奖项"。

通常情况下，犯错的人已经感觉很糟糕了，甚至为自己犯下的错误感到内疚。但公司在众多同事面前公开他们所犯下的错误，会带来什么好结果吗？答案显然是否定的。

这一案例告诉我们，大多数恶作剧都失败了。恶作剧会让人觉得心情很糟糕，这是我们不想看到的结果，在我们想方设法团结每个人以完成共同的目标时，这一做法可能会导致团队的分裂。与本书中分享的任何其他案例相比，恶作剧违反了我们的基本原则，即"让每个人都安心、快乐"。

幽默的力量：让每个人笑口常开

快乐会带来欢笑，这是共度好时光的一个不可或缺的副产品。为了分享笑声的价值，我们请来了文字大师理查德·莱德勒（Richard Lederer），让我们来听听他的见解。

我们生活在充满挑战的时代，发自肺腑的笑声对我们来说是一缕春风。深受读者喜爱的幽默作家理查德·阿穆尔（Richard Armour）认为："喜剧与悲剧一样是一门艺术。让人们笑和让人们哭同样重要。"

在纳瓦霍（Navajo）文化中，有一种仪式叫作"第一次笑"。部落成员将每个纳瓦霍婴儿放在摇篮板上，直到婴儿第一次笑起来。然后部落举行庆祝活动以纪念婴儿的第一次笑，这笑容证明婴儿已经生而为人了。我们不仅是会思考的智人，还是会笑的高等智慧生物。

前广播综艺节目《草原家庭指南》（Prairie Home Companion）的主持人加里森·凯勒（Garrison Keillor）写道："幽默不是骗人的花招，幽默如同优雅一样，在每个人身上

第2章 惊喜、鼓舞士气和体贴的示范

闪闪发光。"正如面包是生命的支柱一样，笑声则是生命的琼浆玉液。有一句蕴含智慧的爱尔兰谚语说："开怀大笑和充足的睡眠是两种最好的灵丹妙药。"有这样一句谚语："欢笑对于灵魂的作用就好像肥皂对于身体的作用一样。"

五岁的孩子每天会自然而然笑大约250次。可悲的是，我们随着年龄的增长，几乎不可避免地会增加腰围，失去欢乐。很多人一个月都笑不到250次！人不会因为变老而停止笑，人变老是因为不再笑了。

马克·吐温认为："人是唯一会脸红或需要脸红的动物。"他还补充说明："人是唯一真正会笑或需要笑的动物。"最近的研究表明，会笑的人能活得更久。诺曼·卡森斯（Norman Cousins）用欢笑战胜了疾病，他写道："疾病的产生似乎与欢笑无关，但也许还真是有关的。在我看来，开怀大笑是一种无须到户外就能使人得到锻炼的好方法。"

科学家们肯定了我们长久以来就熟知的事实："愉快的心情像良药一样有效。"笑可治愈疾病。大笑可以刺激血液循环，强健肌肉，激活肺部，激发内啡肽，在免疫系统中添

加T淋巴细胞[1]，放松肌肉紧张，减轻疼痛和炎症，增强警觉性和记忆力所需的神经递质，稳定血糖水平，增加学习动力，提供极好的有氧运动。

在《让他们大笑吧》（*Make'Em Laugh*）一书中，斯坦福大学教授威廉·弗莱（William Fry）解释说："当笑到快要抽搐的地步时，身体的每一块肌肉都会受到影响。"范德堡大学的一项研究显示，大笑15分钟可消耗40卡路里的热量，使新陈代谢率约增加10%。通过开怀大笑，你一年可减轻大约4磅（约1.8千克）的体重。

笑还是心灵的灵丹妙药。笑对人生要比浑浑噩噩地度过一生要好。对"幽默疗法"前后进行的测试显示，受测者在笑过之后，压力和抑郁都减轻了，幸福感和创造力增强了。越来越多的科学研究发现，只有当我们不笑时，心理会受到伤害。芭芭拉·约翰逊（Barbara Johnson）承认，"笑声之于生活，就像减震器之于汽车。笑声不能让我们避开路面上

---

[1] T淋巴细胞是来源于骨髓的淋巴干细胞，在人体胚胎期和初生期，骨髓中的一部分多能干细胞或前T细胞迁移到胸腺内，在胸腺激素的诱导下分化成熟，成为具有免疫活性的T细胞。——译者注

的坑坑洼洼，但它能让我们走得更顺畅。"

钢琴喜剧演员维克托·博奇（Victor Borge）笑着说："大笑能缩短两个人之间的距离。美国诗人E.E.卡明斯（E.E.Cummings）认为，"最荒废的日子是没有笑声的日子。"

一起来练习开怀大笑吧。其中一个练习就是自嘲。如果你能照做，你永远都能收获很多欢乐。

第二部分
以领导为导向的快乐

员工最容易受到领导者的影响，那些有意将快乐带到工作和小组活动中的领导往往会让员工感到快乐。他们明白让员工对自己的工作感到兴奋、知道自己跟谁一起兴奋、为谁而兴奋的价值。员工们会更投入工作，为所有人创造出快乐工作的文化。

如此吸引员工的领导也为自己赢得了声誉，员工每天都期待工作，领导也想办法让员工更轻松、更快乐地工作。领导以身作则地践行快乐工作原则，其他人就更容易接纳该原则。

如果碰巧你的领导无聊乏味，也不要绝望！你应该把如何让领导也快乐地工作列入自己的工作日程，也许，那个领导过了一段时间变得更快乐了呢！我们绝对相信"我可以"的力量。

任何员工都可以担任快乐工作的领导者，提出有趣的建议，甚至带头开展活动。

这部分的章节是"管理技巧""会议与办公室沟通""表彰"。

第3章
管理技巧

> 成为优秀管理者的关键因素是留住那些恨你的人,远离那些犹豫不决的人。
>
> ——凯西·施滕格尔(Casey Stengel)

企业的管理状况普遍不佳。据团队管理公司Officevibe的调查显示,75%的员工认为领导是他们在工作中压力最大的部分;65%的员工则表示,如果让他们在换领导和加薪中二选一,他们选择换领导。

由于领导层的管理不力,企业的平均生产力水平只达到了应有的50%。软件公司Interact进行的一项调查发现,69%的领导不喜欢与员工沟通,37%的领导表示,他们不愿意向员工反馈其工作表现,因为他们担心员工会消极地对待反馈。当问到什么对他们的职业生涯最有帮助时,72%的员工表示,如果领导提供有用的反馈,他们就能提高绩效。

德勤大学出版社(Deloitte University press)的研究发现,86%的公司表示培养新领导者是"紧迫"的需求,87%的公司表示他们

快乐工作法

在培养各级管理层方面都不出色。咨询公司盖洛普（Gallup）调查发现，51%的领导与他们的工作脱节。另有14%的领导主观意愿上与工作脱节。

根据盖洛普的另一项研究显示，由于管理不善，50%的员工是因为领导而辞职的。盖洛普公司对7272名美国成年人进行的一项研究显示，有一半的人在职业生涯的某个阶段，只有离开上级才能改善自己的整体生活质量。

糟糕的领导甚至会对你的健康造成损害。卡罗林斯卡学院的安娜·尼伯格（Anna Nyberg）对3000多名员工进行了一项大规模研究，结果显示，领导行为与员工是否罹患心脏病之间有着密切的联系。领导经常给员工带来压力对员工的心脏不好。

如果领导能放松心情，且专注于如何在工作中获得更多乐趣，肯定会积极而实际地解决这些问题。这样做既能使领导与员工建立更牢固的关系，又能缓

5个有趣的个人管理技巧

1. 做一个好听众
2. 去做开心的事，如运动
3. 鼓励他人保持快乐
4. 鼓励定期的团队活动
5. 提升你的幽默技巧，使每次团队会议以笑话开场

解工作中的压力和紧张，甚至还能改善与员工的关系，促使员工提供建设性的工作反馈意见。如果那些领导变得更风趣幽默，积极地将快乐作为策略来建立团队，鼓舞士气，那么想要离开糟糕的领导的员工就会减少。

让我们来看看领导们是如何给他们的团队带来乐趣的。

市场研究与咨询公司SBC Global的经理保罗·康宁哈姆（Paul Conningham）用轻松友好的开场白与员工聊天。康宁哈姆说："我是福特[①]人，我的员工是雪佛兰[②]人，我可能会用这样的开场白，'谢天谢地，我开福特，因为今天这天气开雪佛兰可出不了门，你今天一定是和人家拼车来的，对吧？'这几分钟的聊天，就定下了当天的基调。然后我会去巡视一下，确保我的员工能顺利开展工作。然后再检查下每个员工的工作情况。每个人都有差异，重要的是在心里记下是什么激发了每个员工的积极性，并与他们一起从中获得快乐。"

威斯康星州密尔沃基的一家医疗保健机构Advocate Aurora Health人力资源总裁娜奥米·多拉汉蒂（Naomi Dolahanty）说："医疗保健是严肃的事业，但如果我们无暇欢笑，无暇享受同事的乐趣，那么日子就太难熬了。我个人的主要策略是，在谈话中故意打趣。你可以一丝不苟地对待工作，同时也可以得到快乐！这不仅是如何讲

---

① 福特（Ford），美国汽车品牌。——译者注
② 雪佛兰（Chevy），美国汽车品牌。——译者注

笑话的问题,其实我本人并不擅长讲笑话,也不擅长送礼物,但我也会去尝试,这更多的是关注和鼓励团队。作为领导者,你要定下基调。我真的相信,定下有趣和幽默的基调,可以让我的团队取得更好的绩效。"

加利福尼亚州洛杉矶的一家律师事务所Hennelly&Grossfeld LLP的负责人王昆吉(Wang Kunji)说:"我对工作和同事持积极的态度。我看到同事之间发生摩擦,或者他们对其他同事不满意,我会劝员工不要沉溺于工作中的消极情绪,而是多记住他们喜欢的工作。"

在一个庆祝销售额创历史新高的聚会上,总部位于西雅图的一家科技公司Korry Electronics的销售总监迈克尔·菲利普斯(Michael Phillips)告诉销售人员,如果他们能开创新的销售纪录,他就会剃光头来庆祝。菲利普斯说:"每个人都想打破这个纪录,甚至连他们的顾客也参与了。回头客都预订了额外的返修和保修保险。"眼看着销售纪录就要被打破时,菲利普斯开玩笑地在电脑显示器上贴了个便利贴,上面写着"这头剃不了了,因为电脑坏了"。他说:"这简直是火上浇油。"他在公司举行的60周年纪念派对上请来了"头发终结者",在565名员工、国际销售代表和客户面前,让销售额最高的员工给自己剃了第一下。

总部在加拿大安大略省的一家员工激励咨询公司Learn2Appreciate的一位新员工说:"有一次,我的上司布赖恩·雷诺兹(Brian

Reynolds）叫我搬走一些书，我忘了。当他看到书还在原地时，只是静静地说：'天哪，那些书还待在原地不动呀。'这真的让我笑起来了，我当然立刻就去执行了！他是个好人，他从未贬低过任何人。如果我忘了做什么或犯了错误，他都会轻松愉快地处理，不让我感到为难。"

迪伊·威廉姆斯（Dee Williams）说："在军队要处理棘手的难题时，我可以从我的管理工具箱里掏出很多工具。有一样东西能够特别让我保持谦逊和脚踏实地的态度，那就是我丈夫给我的这个戴帽子的小步兵。为什么是小步兵呢？因为我最喜欢的广告之一是机场里那个过安检的小步兵，他都倒下来了，还一直咯咯笑。他说'我不慌'，然后回去再来一次安检。他越是想压制住咯咯的笑声，笑声就越厉害（好像是大笑了）。他感觉有点尴尬，我却开怀大笑。第一次看到它时，我哭了。然后我停止了哭泣，想着有多少次我觉得自己就像那个小步兵一样试图说'我不慌'。"

迪伊·威廉姆斯接着说："以后每当我的领导或者下属犯错，在与他们沟通时，我就开始模仿这个小步兵。我的一些领导现在已成为高级军事将领或成功的政府官员、企业家等。我想我们在一起不慌不忙地经历了多少次小步兵的经历呀！看看我和它。那个吉祥物小步兵跟随我待过多少个办公室，甚至当我作为平民调到科威特和伊拉克时，我都带着它，它用自己可爱的方式提醒我——'我不慌'。"

里德·布洛克（Reid Block）是定制营养补充剂的制造商Takezō

的联合创始人，他说："我们经常在树林里'散步和聊天'，也经常在健身房工作。这有时会让我们很难记笔记，但我们照样还是做到了。我们相信工作还是能顺利完成的。当我和另一个创始人住得很近时，我们经常去网球场打球，新思路和新项目就这样产生了。"

迈克·德夫里诺（Mike DeFrino）是金普顿酒店的首席执行官，他曾经管理行政部，每天都会跟40多名员工进行鼓舞人心的谈话。然后会和他们一起去洗衣间工作，一起刷厕所。德夫里诺说："为了建立与员工之间的信任，赢得信誉，我应该亲力亲为，以身作则，树立榜样。"

律师苏珊·弗兰克尔（Susan Frankel）跟我们讲了美国汽车协会的一个有趣的项目，名为"甩狗"（Dump a Dog），完成项目的员工可以把他们最不想处理的工作甩给他们的经理。这个项目源于一个假日竞赛，但它作为对成功案例或出色工作

6种更有趣的个人管理技巧

1. 让你的团队为下次全体员工大会创作一个有趣的小品
2. 与员工换岗一天
3. 员工达标时，为其清洗车辆
4. 问问你的员工要怎么做才会让他们快乐地工作
5. 深呼吸，记得放松心情
6. 聘用有趣友好的人

第 3 章 管理技巧

的奖励，它的效果立竿见影。它既是提高绩效的动力，也是管理层表达他们真心诚意地帮助员工的有趣方式。

位于俄亥俄州托莱多的在线营销机构Image Group负责销售和市场营销的总裁扎克·奥滕斯坦（Zack Ottenstein）说："我和我的合伙人以前常常在办公室里互相祝贺这一'重要的日子'。我希望我们所有的团队成员都快乐地工作。所以我每天早上在办公室间穿梭，问候每一位团队成员'早上好，今天可是个重要的日子'。这成了我们的口号。每当我在走廊里从同事身边经过，他们都会看着我，笑着说'重要的日子'。我们定制的T恤上写着'这是一个很重要、很重要、很重要的日子'，上面还印有我们公司的标志。然后我们把它们快递到每个员工的家里，因为大家都在遵守新冠肺炎疫情期间居家的规定。现在我们的团队成员在重要的日子也会互相祝贺。他们也来和我分享他们的重要日子。早上增加一点对重要日子的乐趣，会有很大不同。"

家得宝（The Home Dopt）的前首席执行官弗兰克·布莱克（Frank Blake）在周日会花几个小时手写感谢信给优秀员工，这些员工包括小时工以及部门经理。他在每一封信里都特别感谢他们，因为他们的工作成就对客户、团队或企业都至关重要。

维珍集团（Virgin Group）的创始人兼首席执行官理查德·布兰森（Richard Branson）每到各地的分公司时，都争取跟每位员工问好。有些分公司的员工超过一千人。如果他上班时间没碰到某些员

043

工,他就会在周六早上给他们打电话,感谢他们辛苦工作。

推特(Twitter)前首席执行官迪克·科斯托洛(Dick Costolo)每季度至少要主持一次推特管理会议。科斯托洛开会不用幻灯片,而是分享趣事和他自己的最佳管理经验,并通过角色扮演活动让经理们参与其中。他还分享自己的领导哲学并教他们如何运用到工作中。

昆腾公司(Quantum Workplace)是一家总部位于内布拉斯加州奥马哈的全员参与软件公司,其首席执行官格雷格·哈里斯(Greg Harris)为众人所熟知,因为他与包括高管在内的员工进行印第安摔跤比赛。

规划设计咨询公司Kimley-Horn Design位于美国北卡罗来纳州罗利,它的每家分公司都有一名官方任命的负责制造乐趣的副总裁,这些副总裁负责组织冰激凌派对和纸飞机比赛。

位于加利福尼亚州索拉纳海滩的天然能量饮料公司Vuka的联合创始人兼首席执行官亚历克西娅·布雷格曼(Alexia Bregman),正想方设法寻找与员工沟通的方式。她和联合创始人,也是她的丈夫达里安·布雷格曼(Darian Bregman)做的一件事就是进行叫作"我的盘子里有什么"的游戏。布雷格曼每周都与同事开会,列一份待办事宜清单。布雷格曼说:"我们并不介意员工们何时何地完成这些清单,但是下周见面时,我们会再次查看该清单,检查每个员工的工作表现。这是一种赋予员工自主权的好方法,在不需要微观管理的情况下,仍能掌握他们的工作动态。"

印象笔记(Evernote)是一家位于加利福尼亚州雷德伍德城的记录应用公司,该公司执行"高管培训计划",每周召开两次会议让员工"闹",允许员工提出他们想问的任何问题,哪怕不是自己部门的问题也可以。

阿伦·麦克丹尼尔(Aaron McDaniel)在工作博客中写了如何让员工在工作中停止抱怨的方法。当他在管理呼叫中心代表时发现,这些员工虽然工作努力,但也整天不停地抱怨,这严重打压了团队士气。于是,他想出了一个好方法。他增设了一个"发泄时刻"的议程,在每次团队会议上,代表们可以随意抱怨。他所做的只是倾听,做笔记,问清楚他们抱怨的缘由。第一次会议进行了一个多小时。在会议间隙,他解决了代表们提出的一些问题。对于一些没有解决的问题,他在下次会议上提出了解决方案,并与大家一起参与讨论了可以解决和不能解决的问题。随着时间的推移,"发泄时刻"的时长越来越短,以至于到最后已经无人抱怨了。他们都非常满意现状,工作效率也得到了提高。

位于俄亥俄州辛辛那提的咨询业务公司High-Heeled Success的首席执行官凯·菲特斯(Kay Fittes)有一天接到了一位客户的电话。"我们碰到了大麻烦!"这位客户说,他经营着一家按照传统学校运行的早教中心。课程被改成了全年制,这让很多老师都不高兴。菲特斯说:"他们的薪水不像普通教师那么高,暑假曾经是一项福利！他们为失去了暑假而感到愤怒。我的任务是让他们以不同的方式看待问题。我们一起抱怨，一起悲哀，最后一起转换思维。是什么能让这里成为夏季好玩的地方？"沙子、水、雨伞立即浮现在我脑海中。对，这些肯定有用。想象一下，夏季学期的第一天，所有员工都戴着太阳镜来上班，在教室里放一张沙滩椅，播放海滩男孩的背景音乐，与孩子们进行水上活动。足够勇敢的人还可以穿沙滩裤。墙上还有夏季海报、海滩风光和愉快夏日的墙报。我们鼓励每位教师进行额外的'暑假'主题活动。"

菲特斯的灵感从何而来？当她考虑态度、失落、恐惧和乐趣时，就会想起女儿上幼儿园的第一天。"和很多其他孩子一样，她很担心'真正的学校'究竟是个什么样子。第一天坐黄色校车回到家，她说的第一句话就是'我要喜欢上学校了'。为什么？竟然是因为她的校长德特斯夫人（Mrs. Detes）穿着旱冰鞋滑过杜蒙小学的大厅。你能想象在那个学校当老师、做学生是什么感觉吗？这给我留下了深刻的印象，每当我要换办公室时，我都会想到这件事。我们都知道，有趣的工作环境会激发人的创造力，让人自由地思考，缓解压力。你在职场中有没有享受到欢乐夏季或遇到这样的轮滑校长呢？"

华盛顿州温哥华的松下寿电子工业（Matsushita Kotobuki Electronics）经过调查后发现，改变装配厂的工作分配可以让工作变得更有趣，还减少了工伤。该公司组装硬盘和数字通用光盘

（DVD）驱动器，虽然机器人承担了部分工作，但大多数组装步骤都需要人工操作。随着工人承担更多的职责，轮换岗位增加了工作的多样性。该公司的员工每班轮换到4个不同的工作岗，每个轮班2个小时，然后整个星期轮换到不同的工作岗。工人每3周也会换到不同的装配线操作。

考特尼·鲍恩斯（Courtney Bowens）是一家眼科医疗集团Retina Group的运营总监。为了以更有趣的方式吸引员工投入工作，她让他们参与到新项目的开发中。例如，当她想创建一个远程安排手术时间的职位时，她把当前调度员组建成小组来讨论这个职位的利弊。她说："每个人的想法都很好，甚至有些是我从未考虑过的，因为我平时的管理方式都是遥控式的，我从不参与这种日常的具体事务。身处一线的员工分享的经验是最有价值的。这确实帮我得到了如何创建这个新职位的最佳方案。"

快乐工作的原则是让每个人都能享受快乐

了解你周围的人
1. 他们看重什么
2. 他们认为有趣的事情是什么
3. 一起欢笑

迪士尼经理躬身力行

迪士尼乐园天鹅海豚度假村的员工在调查中发现,在最忙的时候,经理们常常都消失得无影无踪。

为了解决这个问题,公司发起了"五分钟聊天"活动,每个经理和10个员工组队,这10个员工都不是该经理的直接下属。每个经理都会在接下来的两周里抽出时间来拜访这些员工,聊工作进展情况,了解工作中存在的问题,等等。经理们必须与之前不认识的员工沟通,员工都很喜欢这种方式,每个人都觉得跟同事拉近了距离。

有一位高管做得更好。他就是位于佛罗里达州奥兰多的迪士尼度假区的副总裁鲍勃·斯莫尔(Bob Small),他曾经在寒假期间的平安夜值"小夜班"。他跟洗衣工一起洗衣、叠衣。他说:"既然在这重要的日子里,他们不能和家人在一起,那么至少我在他们身边。"

第4章

会议与办公室沟通

> 当你只是倾听时，你对别人说的话都成了金玉良言。
>
> ——托马斯·弗里德曼（Thomas Friedman）

大多数办公室工作人员将大量时间花在会议上，这是尽人皆知的。根据在线会议公司Fuze的数据，美国每天都要开2500万次会议，这占据了企业总生产时间的15%，平均每个员工每周花费多达4个小时来准备新一轮会议的内容。

他们还发现，大多数会议都是徒劳无功的。事实上，高管们认为超过67%的会议都是失败的，并且企业每年因无效会议造成的损失超过370亿美元。其他机构的计算结果甚至更高。根据在线会议安排软件公司Doodle的会议报告，美国在最近一年因无用的企业会议造成的损失达到了3990亿美元，这极大地阻碍了企业的发展。

用于工作沟通的其他方式也好不到哪里去。例如，市场研究机构Radicati集团研究发现，全球每天有2056亿封电子邮件往来，而人们只打开了其中的三分之一。有74%的网民喜欢以电子邮件作为主要的通信方法，但约25%的员工认为电子邮件是主要的生产力杀手。

戴维·格罗斯曼（David Grossman）在《因沟通不畅造成的损失》（The Cost of Poor Communications）调查报道中指出，在这些拥有10万名员工的400家公司中，每家公司由于与员工的不善沟通而平均每年损失6240万美元。德布拉·哈米尔顿（Debra Hamilton）在她的文章《导致企业损失的十大电子邮件错误》（The Top Ten Email Blunders That Cost Companies Money）中断言，沟通不畅会使100名员工左右规模的小公司平均每年损失42万美元。

如果能将会议和其他形式的沟通方式变得更有趣，那么它们会变得更高效吗？答案是肯定的，我们对此深信不疑。

让我们来看看，一些公司是如何召开会议的，这些与会者认为与他人交流是件有趣的事，他们与同事都乐在其中，从此不再害怕开会。

在一家领导力培训公司中，有员工提议每周例会上都要有人带着笑话来，每个人都有一周的时间来准备，大家分担了搞笑的任务，开会变得有意思了。他们还尝试了其他方法，对会议议程设置计时器和站立会议，而站立会议的时间通常很短。

玛丽亚·冈萨雷斯（Maria Gonzales）是位于得克萨斯州圣安东尼奥的纪念图书馆（Memorial Branch Library）的经理，她在每周员工会议开始时都让团队玩游戏，冈萨雷斯在纸上写个数字，然后把

第 4 章 会议与办公室沟通

纸折起来。每个人都会猜一个数字，猜对的人就站出来，给小组讲个笑话、唱歌，或做一些其他的滑稽有趣的事情来让团队放松。

位于密歇根州大急流城的人力资源解决方案公司Open System Technologies的员工们曾在会议期间举办纸飞机比赛。

总部位于加利福尼亚州埃默里维尔的婴儿食品制造商Plum Organics的员工们曾在周四的会议上分发图画书和蜡笔供团队成员使用。

位于纽约的商业媒体《快公司》（*Fast Company*）的会议室是以游戏为主题的。

电力服务公司BC Hydro的琳达·莫特（Linda Mott）说："在新冠肺炎疫情暴发之前，我们要面向一群人做演讲。"他们没有做演示文稿（PPT），而是开发了自己的"密室逃脱"版本，参与者可以在其中解决难题并开锁找线索，以便获得最终的奖品。莫特说："这是一种快乐的学习方式，把游戏和工作结合在一起非常有趣。"

如果你去参加商务会议，突然发现还可以玩任天堂（Nintendo）公司开发的保龄球游戏，你会怎么做？这就是蒂法妮·格里菲恩（Tiffany Griffiths）所碰到的情况，她是总部位于得克萨斯州伍德兰兹的信息系统咨询公司Business Solutions的一名员工。格里菲恩说："这也太有趣了吧。"她的经理达龙·布朗（Daron Brown）说："这能提升员工的创造力，激发员工用不同的方法工作。"不打保龄球时，许多"散步"会议都在户外举行，大家可以好好地呼吸新鲜空气。

维珍创始人理查德·布兰森（Richard Branson）认为创意来自创新的氛围。例如，在公园或咖啡馆开会能给人带来新鲜感，让人产生新想法和新思路。

移动游戏发行商Genera Games的总部在西班牙塞维利亚，它的员工会在开会的同时做热身运动，打一场短时的篮球比赛。位于加利福尼亚州伍德兰的一家杂货连锁店Nugget Markets的管理团队会议是在摔跤场举行的。

位于伊利诺伊州芝加哥的零售商Simple Truth对传统会议做出了调整。他们每周一都举行一次"9-9会议"——上午9点开始，持续9分钟。总部位于华盛顿州西雅图的软件供应商TINYpulse规定，每日员工会议于上午8点48分开始。两家公司都发现员工从此很少错过会议或迟到。

位于马萨诸塞州萨默维尔的软件公司Evergage每天都有15分钟的例会。但员工们发现该例会通常只能持续5~15分钟，于是他们会以所有团队成员做俯卧撑来结束会议。不寻常的做法逐渐流行起来，大家都非常喜欢，俯卧撑成了该公司的一种传统。

爱彼迎（Airbnb）度假屋供应商位于加利福尼亚州旧金山，该公司从不在星期三开会。会议笔记开发商Hugo总部位于加利福尼亚州旧金山，他们将每周会议减少到4个小时。他们使用自己的产品，结合视频和聊天群组软件Slack来开会，其效果好过传统会议。

调研软件公司Cvent的调查部门员工很少迟到。因为副总裁达雷尔·格尔特（Darrell Gehrt）会让迟到的人唱歌。格尔特说："我们听过美国国歌、生日歌和童谣。这活动最大的缺点是它太奏效了，如今我们很少有机会听人唱歌了。"

位于马里兰州贝塞斯达的证券管理软件公司Brivo有一个"不重复"的会议规则。当与会者举起"不重复"乒乓球拍时，表示刚刚讨论过的问题已经得到解决。制定该规则的总裁兼首席执行官史蒂夫·范·蒂尔（Steve Van Till）说："这是一个视觉提醒，公司所有员工都能通过这样的提醒，随时随地抵制重复劳动，减少劳动力的浪费。这一节约时间的原则旨在禁止所有参会人员重复质疑之前的会议决定，因此会议可以有条不紊地继续进行下去。"

位于加利福尼亚州埃斯孔迪多的管理和领导力培训公司Ken Blanchard的做法与此不谋而合，鲍勃使用椰子作为道具来敦促会议进程。其他人不能打断拿着椰子发言的人。它有助于在会议中保持听和说的平衡。这个椰子成了一种可持续的交流工具，以及每次会议中最可爱的部分。而在微软公司开会时，一个团队的成员使用橡皮鸡向正在发言者示意。

总部位于加利福尼亚州圣莫尼卡的卡车服务平台Buddytruk的创意总监C.J.约翰逊（C.J. Johnson）说："如果我们跑步去参加会议，那么最后一个到的人要做50个俯卧撑。起初这只是一个搞笑的游戏，现在它变成了很棒的联谊方式。"

让会议变有趣的 7 种方法

1. 不要称之为"会议"
2. 在户外举行会议
3. 以唱一首著名的歌曲开场,谁能一字不漏地唱完就奖励谁
4. 指派不同的团队成员开会时讲笑话
5. 带玩具来激发创造性思维
6. 为了保持与会者的参与度,每隔几分钟就要插播笑话集锦
7. 让幽默的人主持大型会议或团建

总部位于加利福尼亚州旧金山的度假租赁搜索引擎公司Tripping将每次开会的时间限定在30分钟以内。如果会议超时了,那么组织会议的人必须向团队的"我发誓"罐子里扔5美元。总部位于加利福尼亚州洛杉矶的业务发展咨询公司Just Fearless也设定了30分钟的会议时间限制。创始人基莎·梅斯(Kisha Mays)说,如果会议持续很长时间,就会有人来把椅子搬走,每个人都要站到会议结束。这一想法也被顶级科技公司所采纳。据报道,脸书(Facebook)[①]的工程经理马克·汤克洛维茨(Mark Tonkelowitz)每天都在中午12点举行15分钟的会议。午餐的诱惑缩短了开会的时间。

在线零售商亚马逊(Amazon)的首席执行官兼创始人杰夫·贝索斯(Jeff Bezos)在会议中禁止使用视觉应用程序,他认为PPT这类工具让演讲者的陈

---

① 现已更名为元宇宙(Meta)。——译者注

述变得容易,却使观众更加难以理解会议的主题。

加利福尼亚州加的夫海滨的咨询公司Tamayo Group的战略规划顾问米歇尔·塔马约(Michele Tamayo)分享了在新冠肺炎疫情期间两个有趣的如何使会议气氛更活跃的例子。

加利福尼亚州退休协会最近在网上开了一次董事会议,主持人要求与会者分享"我的一天",以及他们在工作之余的一个兴趣爱好。有个同事说他喜欢吹风笛,然后就有人起哄,极力邀请他在下一次会议休息时为他们吹奏一曲。大家都对他喜欢吹风笛多久了、平时在哪里吹奏之类的事很感兴趣。

在召开圣地亚哥地区律师协会的网上董事会会议时,与会者分享了新冠肺炎疫情期间各种积极向上的经历。一位同事自豪地亮出自己的订婚戒指,而另一位则让她丈夫给大家看看他们家的新生宝宝的照片。塔马约说:"每个人在每次会议上都非常投入。在提出了几个悬而未决的问题后,大家都积极地参与了讨论。他们加深了对彼此的了解。"

总部位于加利福尼亚州旧金山的在线投票系统Poll Everywhere设定一个开会的"打禅时间"。在这段时间内,员工们以小组为单位来学习一些新东西或反思每天会议或工作中的情况。领导和主持人与大家一起分享鼓舞人心的名言或成功案例,小组成员则共同讨论取得的成就和每天的工作重点,并赞美认真工作的同事。

位于华盛顿州西雅图的视频媒体平台Hulu公司鼓励通过以下

**让开会变得更
有效的 7 种方法**

1. 会议之前给每个人发会议流程
2. 善于利用能搞活气氛的人
3. 表扬取得成就的与会者（会议开始）
4. 有明确的目标和基本原则
5. 做好笔记
6. 只邀请必要的人参会
7. 会议尽量简短

多种方式公开分享信息：该公司的局域网、视频会议、聊天室、公司月度会议、面对面交流。

诺埃尔·斯蒙特（Noelle Sment）曾在华纳媒体（WarnerMedia）工作，她那时使用了一种有效的压力管理策略："糟糕日子显示板"。她在磁铁上写上每个人的名字，磁铁是可以移动的，移动到一定的地方就表示这个人正承受着压力，比如，遇到了个人问题，碰到了难缠的客户，等等。她最初的目的是想把这块显示板作为一个预警，提醒那些压力重重的同事调整好心态。在她开始实施这一策略之后，同事们很快就有了回应，大家都为那些心情"糟透了"的同事鼓劲加油，个个都乐在其中！

总部位于纽约雪城的技术基础设施提供商Cxtec的员工芭芭拉·阿什金（Barbara Ashkin）给公司的电话自动应答录音加上了非常好笑的选项，除了原有的选项外，还加上了：按"4"听狮子吼,按"5"听有趣的笑话。阿什金说:"客户很欣赏这种幽默,他们都认为这确实是一家与众不同的公司。"

皮克斯动画工作室(Pixar Animation Studio)的员工们会参加"出主意"(Note's Day)活动。活动当日公司将停止一切项目,全公司的员工都聚在一起进行头脑风暴。大家以小组为单位分享自己的想法,讨论相关问题和公司面临的挑战。各部门领导到各个小组了解并听取不同意见。

脸书公司全年都会举办一项叫"黑客马拉松"的活动——员工在有限的时间就技术相关的项目进行密切合作。这不仅成为员工互动和协同工作的绝佳方式,而且带来了几个意想不到的好处,例如员工们会在自己的脸书里"关注"朋友,或在朋友圈"点赞"朋友的帖子。

查尔斯·菲利普斯(Charles Phillips)是总部位于纽约的软件公司Infor的首席执行官,为了激励员工与他直接互动,他将自己的手机号码公开,鼓励员工随时给自己打电话或发短信。

总部位于华盛顿州西雅图的营销分析软件公司Moz的首席执行官兰德·菲什金(Rand Fishkin)力求完全透明化地管理公司。他会在博客上跟大家分享各种信息:从数百万美元的商业交易失败到他向未婚妻的求婚。员工们觉得这种做法非常鼓舞人心,他们也更乐意与大家分享自己的经历。

总部位于印度钦奈的软件开发公司Zoho的创始人斯里达尔·文

布（Sridhar Vembu）依靠名为Cideo的工具在公司内部实行全透明沟通。他用"A.M.A."（随时来问我）的方法来回答即兴提问和事先准备好的问题。

位于纽约的压缩算法服务公司Bitly的首席执行官马克·约瑟夫森（Mark Josephson）为了和他的员工联系，每天都会在整个办公室里不同的桌子前办公。但他发现在"鸡尾酒梦想"会议上，员工的投入度最高。每周他们都会选出一个调酒师，大家都聚在一起喝一杯，约瑟夫森与大家边喝边聊着公司的近况。他说："我们每周都开会，一起分享公司的最新动态和发展。我们一起庆祝取得的成就，承认自己做得不足的地方。这确实是一种回顾一周工作、为下周开展工作做好准备的好方法。"

位于加利福尼亚州卡尔斯巴德的美国卫讯公司（ViaSat）的首席执行官马克·丹克伯格（Mark Dankberg）创办了一个读书俱乐部，员工可以在俱乐部中

让开会变得更有效的7种方法

1. 提供好吃的，边开会边吃东西
2. 举办团队建设活动
3. 在不同的环境中开会
4. 打乱座位顺序
5. 轮换角色（主持人、记录员）
6. 分组讨论
7. 站着开会

找到有关商业、战略、领导力和创新的书籍。他的初衷是让公司的跨国团队学习国际业务和不同语言，一起进行战略思考并交流想法。丹克伯格说："员工们通过这个俱乐部学会了该如何思考，如何看待这个世界，如何做出决策，这个俱乐部可以帮助每位员工在职业生涯中得到长足发展。"

美国数字政府服务提供商NIC的首席执行官哈里·赫林顿（Harry Herington）是堪萨斯州奥拉西人，他骑着摩托车参观了各处的分公司，骑车让他快乐，他的行为还提高了员工的参与度。他发起了"向首席执行官提问"的活动，他认为公司员工的沟通应该更公开化。赫林顿在参观各分公司期间举办了一场晚宴，他说："如何让别人信任你？看着对方的眼睛说话。"他鼓励员工向他提问，可以提任何与工作相关或无关的问题。

谁来？团队搞活气氛的人

商贸公司Fareast的员工在尼日利亚拉各斯玩得非常开心，他们在公司领导会议上发起了"谁来"带头活跃气氛的游戏。主持人让在场的每个人填写一份表格，内容包括性格、喜欢参加何种活动等信息，并要求他们在15分钟内与其他与会者交谈，互相了解对方的个人情况。表格的内容如下：

- 与父母或祖父母住在一起；
- 有宠物；
- 有未满19岁的孩子；
- 演奏乐器；
- 结婚20年以上的；
- 喜欢做饭；
- 在学院或大学任教；
- 去过5个以上的非洲国家。

聊天的目的是让大家尽可能多地了解对方。有相似兴趣的人被分为一组，一起讨论具体问题，进一步分享类似的经验。

各个小组都非常喜欢这项活动，以至于活动持续到晚上。他们发现这是一个与同事有效沟通且了解更多信息的好方法。这本就是一个小世界，很快他们就彼此熟悉了。

第5章
表彰

> 只凭一句赞美的话,我就可以充实地活上两个月。
>
> ——马克·吐温

在工作中因出色的表现而得到他人的感谢或表扬的感觉真是太好了,但员工很少得到他人的感谢或表扬。盖洛普发起的调查表明,2020年有65%的员工尽管工作很出色,但没有任何人认可他们的成绩。员工敬业度调查平台Reward Gateway调查发现,85%的员工认为领导者应该在第一时间表彰员工的优秀表现,有81%的员工认为这种表彰应该持续不间断地进行。该调查还发现,70%的员工表示,如果领导们能多说感谢之类的话,他们的积极性和士气都会"大幅"提高。

移动应用程序公司OGO的一项调查发现,缺乏认可会让员工对自己的职业产生巨大的负面影响。根据调查,82%的美国专业人士认为,他们的付出没有得到上司的充分认可。

在另一项研究中,当被问及领导者可以采取哪些措施来提高

第5章 表彰

员工敬业度时，一项心理测量学调查发现，58%的受访者回答"给予认可"。企业社交网络平台Socialcast的一项调查发现，69%的员工表示，如果自己的工作成就得到表扬，他们会更努力工作。

相对于看得见摸得着的奖品或现金，员工们更看重口头表扬。根据团队管理公司Officevibe的一项研究，82%的员工认为口头表扬比收到礼物更有效。

员工也希望得到同事的认可。根据人力资源管理咨询公司Globoforce的报告，如果能提供评价同事工作表现的平台，44%的员工很愿意长期配合进行这种评价活动。同事间的认可带来的效果很突出。根据人力资源协会的说法，这种效果对经济方面有积极影响，同事间的认可比领导的认可带来的经济效益要高出36%。

员工获得感谢、认可和表扬的方式是多种多样的。让我们来看一些成功案例，只要你愿意，你也可以做到！

5种最适合表扬员工工作的方法

盖洛普在最新职场调查中发现，当被问及哪些类型的表扬是最令人难忘的，大多数员工都选择了以下几种：

1. 通过奖项或证书获得公开表彰
2. 领导、同事或客户的私下表扬
3. 通过评估或审查获得的成就证明
4. 升职、增加工作量或肩负更多责任，都表示取得了更多信任
5. 旅行、奖品或加薪等物质奖励

063

总部位于伊利诺伊州芝加哥的仲量联行（LaSalle）的一名员工提议让她的同事们进行"让爱传承"的活动。在一次视频会议后，每个与会者都给和自己头像相邻的同事发了一条鼓劲加油的信息。

销售与市场服务公司Meritz的员工桑迪·哈肯沃恩（Sandy Hackenwerth）说，每次开会时，她都会先到，在等待的过程中，她会给同事写感谢信，感谢他们对自己的帮助。每当有同事升职时，她总是送他们一张贺卡，祝贺他们取得成功。

吉尔·布恩（Jiu Boone）是总部位于英国萨里的租车公司Enterprise Holdings的欧洲人才发展副总裁，每当大型项目启动时，她都会向利益各方（包括所有参与该项目的人）发送感谢信，对他们的付出表示认可。她还会附带一张纸条，希望他们也给那些在项目上努力工作的员工送一张感谢卡。布恩说："我总是称赞那些有想法、愿意带头、愿意与团队分享的人，我不会赞赏那些闷声不响的人。"

位于加利福尼亚州恩西尼塔斯的医院Scripps Memorial Hospital的首席物理治疗师阿莉萨·梅雷迪思（Alissa Meredith）设立了"玛格丽塔酒奖"，奖励那些在一周或一个月内服务过最难应付的客户的治疗师。集团慷慨地让获奖者尽情享受玛格丽塔酒带来的快乐时光。

总部位于纽约的文化管理公司CultureIQ的员工每周都会以握手或击拳来感谢彼此在工作中的合作。该公司首席执行官格雷格·贝

第5章 表彰

斯纳（Greg Besner）说："我们一开始推行这种活动，它就即刻流行开来。那天是周五，同事们工作得很辛苦，这个互动十分应景。现在慢慢地这一活动已经变成了传统。"

位于马里兰州巴尔的摩的汽车零部件供应商Standard Auto Parts的首席执行官罗恩·萨顿（Ron Sutton）要求他的经理们提交团队最近取得的、令他们引以为豪的业绩报告。在他们提交了报告后，他就会给他们分发一张特别会议的门票，每个参会者都在会上为那些取得卓越成绩的同事欢呼鼓掌。萨顿期待着团队每次都能有超越上次的成就。然后，所有同事便都起立欢呼——给整个公司都传递了积极向上的信心。

领导力顾问唐·斯塔基（Don Stuckey）要求经理们都要了解向员工表示感谢的重要性。他要求经理们每天都要表扬某个工作努力的小组成员。斯塔基说："我鼓励经理在员工会议、小组会议中表扬员工，其他小组成员便会认识到赞赏的重要性。"在培训企业的领导时，他强调了肯定员工的工作是他们工作中的一部分。他说："我教会他们表扬的方法，教会他们如何表扬他人，以及表扬他人的时机。他们作为企业高管更应该树立起这种榜样，这一点非常重要。中层管理人员会观察并学习高层的行为。"

位于田纳西州温切斯特的牙科诊所管理公司Crabtree Group在每次会议开始时都会对个人取得的成就进行表彰，一对一会议也不例外。总裁帕蒂·克拉布特里（Patty Crabtree）说："在开始正式议题之前,强调一下我们之前取得的成功有助于传递公司的正能量。"

位于得克萨斯州奥斯汀的创意策划机构Red Velvet Events有一个重要的惯例,那就是每周一都要表彰成绩突出的个人。在员工周例会上,获奖的团队成员将会获得一个叫"布袋"的巨魔娃娃来装饰他们的办公桌。本次的获奖者将推荐下周的获奖者,并公开宣布他们获得奖项的原因。获胜者会为下一次作为奖品发放的娃娃定制珠宝,加文身,甚至为它建造一座宜居的城堡。几年中,他们已经将五种图腾的娃娃作为奖品,现在他们决定换一种风格,把娃娃改成手绘牛仔夹克。获胜者可将夹克披在椅背上炫耀一周。

零售配送服务商SnackNation的首席执行官肖恩·凯利(Sean Kelly)说:"很重要的一件事就是大家都要活得精彩,因为这世界每天都那么精彩。"每周五下午四点半,这家公司的全体员工都会齐聚一堂,参加"欢腾周五"活动。他们有音乐、饮料和舞蹈。大家围成一圈,就开始狂欢。凯利补充说:"他们表扬同事取得了令人惊叹的成就,他们认为同事的所作所为体现了企业的核心价值。这三四十分钟的热闹场景,真是让人感觉精神振奋,大家都会以这种赞扬来高调结束一周的工作,然后他们会在周末跟朋友和家人分享在公司工作的经历,将感激和赞扬都带回家。正是这种良性循环让生活变得更加美好。"

总部位于加利福尼亚州圣何塞的视频通信软件公司Zoom要求

第5章 表彰

每个分公司都设立季度奖项来表彰工作表现突出的员工。每个人都在全员大会上分享个人的照片和在公司成长的经历。订单负责人安娜·平克尼（Anna Pinckney）说："这对鼓舞士气大有裨益。有时，我们只是一心一意地想迅速帮助彼此解决问题，不会对我们为个人和部门带来多少利益而斤斤计较。"

位于加利福尼亚州旧金山的社交媒体公司推特的员工可在该公司的局域网上向其他员工发送表扬推文。推文包括表扬对象的照片，以及为何表扬此人的简短说明。

加利福尼亚州伯班克的华特迪士尼公司（The Walt Disney Company）创建了"传递赞"（castcompliment）这样一款社交媒体赞美程序，用户可通过推特赞美小程序里的会员。全世界都可以看到这些在推特上发布的推文，员工的正式记录中也收录了这些推文，这样他们的上级也可以看到。

谷歌（Google）是加利福尼亚州山景城的科技巨头，员工们都在使用公司开发的名为"去感谢"（gThanks）的应用程序，该应用程序鼓励员工公开感谢各位同事杰出的工作表现。他们还推出了一种低技术含量、免费的版本——"快乐之墙"，它就挂在"墙"的开发者拉兹洛·博克（Lazlo Bock）的办公室外面。

位于伊利诺伊州芝加哥的专业服务公司Crowe通过在线调查，为客户提供一种表扬员工的方法：他们可以在网上罗列出为客户提供优质服务的员工名单。一旦他们的工作受到客户表扬，在线调查就会生成表扬提示。该公司推出"让爱传递"活动来扩大表扬范围,在该活动中,得到表扬的人可以转而去表扬那些也帮助了客户,但不在名单上的员工。然后所有这些受到表扬的员工名字都会在公司的内部网站上共享,给公司其他员工起到表率作用。

第一资本金融公司(Capital One)用气球来奖励员工,如果客户对其坦帕湾的客服中心员工的服务非常满意,且向经理表扬过该员工,公司会奖励该员工一个闪亮的气球,并把气球系在其办公桌椅上。

咨询辅导公司Deliveringhappiness.com的文化主管森尼·格罗索(Sunny Grosso)说:"我们的一个客户的企业文化中的表扬活动值得我们借鉴。他们公司的办公室中间立着一个大的纸质'温度计',显示每日和每周的销售额。每售出一件商品,他们都为之欢欣鼓舞。当'温度'达到'沸点'时,他们会开展庆祝活动。"

位于佐治亚州迪凯特的奖项设计制造商Suburban Custom Award & Framing的总裁肖恩·马奥尼(Sean Mahoney)说:"我做了一种扑克牌筹码币,一面是我们公司的标志,另一面印着'我是杰出的'。我会将这些筹码币发给那些兢兢业业工作、得到客户赞扬、在需要时加班或确保在期限内完成工作的员工。"该筹码币能让员工行使1小时带薪假的特权。很多员工存了筹码币之后,用它们来兑换半天的休假,或用来处理个人事务。"虽然这不是一个新点子,但它仍能体现受到表扬的重要性,让所有参与进来的员工都能受益。"

美国联合包裹运送服务公司（UPS）是位于佐治亚州亚特兰大的物流企业，该公司的司机如果25年没有发生事故，就能加入荣誉圈，还能获得一个独特的眼罩和一件飞行员夹克。

来自马萨诸塞州剑桥的开发商和营销公司HubSpot为最杰出的员工授予"绝地武士奖"（JEDI Award），奖品是一把精雕细刻的剑。

美国能源公司雪佛龙（Chevron U.S.A.）总部位于加利福尼亚州圣拉蒙，公司有一个用挂锁锁着的大盒子，里面装满了各种各样的礼物。持有钥匙的主管会带着因工作突出而受到表扬的员工来到宝物箱前面。员工可以挑选盒子里的礼物——咖啡杯、笔和铅笔套装、礼券、午餐或晚餐的优惠券、电影票，等等。同事之间也可以互相表扬。

总部位于纽约的视觉和光学产品公司Warby Parker每月都会有来自同事的表

5种有趣的表扬方式

1. 站起来给他（她）鼓掌
2. 把在公司活动中拍的员工照片放在PPT里
3. 为你的团队制作一本年鉴，用图片和小故事讲述这一年的出色工作
4. 当员工达到预定目标时，让他们转轮盘抽奖
5. 在大功告成时举行庆祝活动

扬活动，来向表现出色的员工授予"蓝脚鲣鸟奖"。三名获胜者可选择价值高达数百美元的奖品。每个季度选出一名总冠军，奖品是可以去任何公司分支机构所在的城市旅行。

总部位于内华达州拉斯维加斯的在线零售商Zappos每个月都会额外获得50美元用来奖励表现出色的团队成员。位于加利福尼亚州圣何塞的信息技术巨头思科（Cisco）为每个团队设立了一个"快乐基金"，用于庆祝项目的完成和目标的实现。

位于华盛顿的大平原软件（Great Plains Software）项目有时可持续长达9个月，因此项目主管会在项目完成一个阶段时，通过举办晚餐、野餐和其他非正式表彰会进行庆祝。他们还采用"两部分奖金"活动来激励项目团队。当产品性能达标时，团队即可获得一半的奖金，另一半奖金在产品发布后90天后发放。在项目结束时，团队会创建一个好友列表，以表彰在此过程中支持他们的非团队成员。列表上的非团队成员都会收到礼券和感谢信。

位于弗吉尼亚州麦克莱恩的希尔顿酒店（Hilton Hotels）会给经理们年度表彰日历，这上面有365个免费且低成本、易于实施的表彰员工的方法。该日历涵盖了整个公司的、各品牌的和各部门的温馨提示；日历上会标注各种计划名称的日期，重要的日子，以及与员工分享的名人名言。使用该日历的员工可以自行添加服务纪念日，下载PDF或将文件导入他们的个人日历。

总部位于加利福尼亚州旧金山的金普顿酒店将员工家属也列入

表彰活动中。当员工的孩子登上学校荣誉榜时，金普顿酒店会把这孩子列入比利荣誉榜（Bill's Honor Roll），还给孩子送一张礼品卡。

4 种有趣的表扬方式

1. 赠送塑料大手，让大家"向自己和同事伸出一只大手"
2. 完成重要目标后，让高管为所有人准备早餐
3. 出去庆祝团队取得的成就和纪念日
4. 每次你的团队完成任务、达到目标时，玩一个游戏

来自同事的、发自内心的奖项

你的奖项是否缺乏新鲜感、刺激性或独特性？大多数奖项都是这样。研究表明，如何保持奖项的新鲜感是大多数企业在奖励活动中遇到的最主要问题。如果老一套的奖励活动已经成为企业的鸡肋，那么可以参考一下其他公司的奖励方法，比如说通用动力公司和领导力培训与发展公司Ken Blanchard正在采用的奖励方法。这两个活动是由马里奥设计的，而领导力培训与发展公司Ken Blanchard的那个活动最终由托德·威勒（Todd Willer）加以指导和改进，他将这种奖励机制运用到了极致——每年员工平均参与率为66%。

活动的目标是什么

这两个活动都设有两个关键目标：（1）根据公司或项目的核心价值观设立正式奖项；（2）以一种员工能感受到自己的卓越价值的方式。

如何开展这项活动

这个奖励活动的秘诀就在于它是由员工发起的。员工提名获奖人，审查获奖人的工作业绩，选择获奖者，进行颁奖，并当着全体员工的面表彰他们。在公布奖项后，员工明白了未来工作的方向，并且都受到了鼓舞，从而"让对的人做对的事"。有几个奖项体现了公司的价值观。同事被具体的奖项提名，这产生的效果很显著——企业和个人都向目标迈进了。奖励活动促进了他们的核心价值观的树立。颁奖活动仿照奥斯卡颁奖典礼，没有宴会、午餐或晚餐。该活动的整体效果很显著，它促进了员工们继续为公司，为自己而团结合作，继续前进。

颁奖示例

天美时（Timex）年度人物奖颁奖活动提倡的是"坚持不懈"的价值观，它仍然是最受欢迎和最有意义的奖项之一。它结合了《时代周刊》（Time）的"年度人物"和天美时的"我们的滴答声陪伴着飞逝的每一秒"经典广告宣传。

检查和筛选

一群由志愿者组成的小组会根据提名名单核实候选人的工作表现。一旦核实所述情况，他们就会制作出每个奖项的候选人名单，由大家在线投票，最后他们将结果制成表格并确定获奖者——直到颁奖典礼才会公布名单。这就是卓越的"个人荣誉"所在之处,获奖者能感受到真正的荣誉和赞赏。

奖品的制作与颁发

一群员工(他们中的许多人为最终获奖者)自告奋勇,承担起制作奖品的重任,他们摒弃了那些千篇一律的奖牌和证书,而是别具创意地从阁楼、车库、滞销品和旧货店回收物品中找材料,充分发挥自己的才能来制作奖品。他们根据获奖者的个性和获奖背后的故事来制作奖品,使该奖品对获奖者更有意义。他们鼓励充分利用回收物品有两个原因:(1)回收材料象征着员工和公司总能更新能量,并能投入到有意义的工作中去;(2)大大降低了成本。每个奖品的成本通常都不到20美元。

他们制作的奖品着实令人着迷:有绘画、雕塑、T恤和童鞋,还有歌曲、书籍和卷轴。

获奖者提名人有权拒绝为获奖者颁奖。他们也同样有权向获胜者颁发自己制作的奖品。这就是意义深远的地方。例如,在领导力培训与发展公司 Ken Blanchard 举行的首届颁奖活动上,第一个颁奖人(天美时年度人物)要颁发的奖品正是她自己制作的。她当时非常激动，告诉大家获奖者做了什么，这又是如何影响她制作奖品时的心情的。当获奖者上台时，颁奖人和获奖者哭着互相拥抱，而当时整个公司的大约250名员工起立为他们鼓掌。每次颁奖活动都会发生类似的事情。每个奖项除了公司之外最少还有两名个人获奖者。自愿制作奖品的人都很兴奋，获奖者对同事额外的付出和努力感激不尽。颁发任何现成的奖品都无法达到这样的效果。

  要保证这些奖品的专业水准，让员工制作奖品似乎会给他们带来了很大压力。但在过去的35年里，这种担忧似乎都是杞人忧天。大家对制作奖品感到兴奋：这些奖品是奖给谁的？它们都是怎么被制作出来的？例如，天美时的最终奖项竟然是一块超大的、已打碎的天美时手表。有人用胶水把它粘在了一块上了漆的板子上，上面有一块小黄铜板，写着奖项名称、获奖人的名字和日期。整个制作过程都是员工自愿参与完成的。在获奖者这些年来收获的所有奖项中，相对于奖牌和证书，往往是那些用心制作的奖品最能触动人心。

第三部分

以团队为导向的快乐

工作中最有意思的事情就是你与同事共同完成工作职责，共同实现目标。你们小组也许是特设小组，也可以是为解决公司问题或寻找机遇而专门成立的小组。

在小组工作，带来快乐的常常是一些简单的行为，例如以简单有趣的活动或破冰活动来开始小组会议，并鼓励大家参与，或以正式的团队建设活动让每个人都参与互动，因为小组成员里也许有些同事并非每天都能在一起沟通合作。我们在此推荐的快乐工作法则就是去尝试、总结、学习，然后再继续尝试。

一群人在一起会有更多机会获得乐趣，这比一个人独自工作或两个人共事有趣多了。一群人能分享更多的趣事，大家的年龄、背景、个性甚至文化层次的差异，都能给工作组带来丰富的聊天话题。

共同寻找快乐能弥合团队成员的差异，经验的交流有助于实现要达成的目标。正如维克托·博奇曾经观察到的那样："欢笑是两个人之间最短的距离"，一起享受乐趣肯定会让你们的小组中笑声不断！

本部分的章节内容是"网上办公""游戏与竞赛""团建、团队和委员会"。

:)

第6章

网上办公

> 以前,远程办公是全职妈妈们值得拥有的、可选的福利。现如今,远程办公已成为核心业务战略。
> ——凯利·威廉姆斯·约斯特(Cali Williams Yost)

在全球新冠肺炎疫情的环境下,员工们在工作中遇到最大的问题就是工作环境的改变。众多公司都允许居家办公,员工和公司各尽所能来适应这种新的工作环境。

然而,即使在新冠肺炎疫情暴发之前,远程工作的方式也发生了巨大改变。招聘与求职网站FlexJobs和咨询公司Global Workplace Analytics调查发现,在此之前的五年中,远程工作的员工数量增加了159%。办公空间提供商的运营商International Workplace Group调查发现,80%的美国工人表示他们只接受弹性工作制,有超过三分之一的人表示他们会优先考虑弹性工作制。出版集团Crain Comunications的调查显示,超过四分之三的受访者认为灵活的工作时间和远程工作是留住员工的最有效的非物质方式。

工作如何影响员工的快乐和幸福感呢?床垫生产公司Amerisleep

的一项对1001名远程工作的员工的研究发现，他们对工作感到满意的可能性比普通员工高出57%。此外，近80%的受访者在被问及关于工作期间的压力水平时回答说，自己"没有压力"或只有"中度压力"。视频会议设备生产公司Owl Labs的另一项研究发现，每月至少远程工作一次的员工提高了24%的幸福感和工作效率。

很多企业都在寻找创新的方法来让远程办公的员工工作得更快乐。当下流行的视频会议平台和应用程序有云视频会议软件Zoom、美国网讯（WebEx）、谷歌会议（Google Meet）等，当然你也可以找到除它们之外的其他沟通工具。在本章中，我们将列举使网上办公变得更有趣的具体案例。

辛西娅·伯纳姆（Cynthia Burnham）是领导力教练、演讲者和作家。她鼓励人们拍一些自己的房子或度假时的照片，用它们来做电脑桌面或屏保。她还建议员工给自己"重新取名"，取一些鼓舞人心的网名。比如"勇敢的科林"或"科技皇后苏茜"。伯纳姆说："这能让大家了解彼此，也更有趣！"

总部位于科罗拉多州丹佛的咨询公司Making Strategy Happen的总裁迈克尔·凯尼科（Michael Canic）说："我和妻子都在家里工作，我在楼上，她在楼下。为了给工作增添乐趣，我每天下楼几次，或者她上楼来，我们一起休息片刻。现在只要听到对方的脚步声，我们都会满怀期待地笑。"

在新冠肺炎疫情期间，鲍勃的妻子珍妮弗周五下午2点在照片与视频分享社交软件Instagram上欣赏了一个简短的"舞会"。她说:"这个舞会充满活力和乐趣,让我完美地结束一周的工作!"

吉尔·布恩是总部位于英国萨里的租车公司Enterprise Holdmgs的欧洲人才发展助理副总裁,她一直坚持一个传统——让团队成员在生日贺卡上签名,并将生日卡寄给另一团队,来让其成员签名。在新冠肺炎疫情迫使每个人都开启网上办公模式后,她就把纸质的生日贺卡改成了电子贺卡。

位于弗吉尼亚州森特维尔的汽车信息汇总企业Carfax特别喜欢以衣柜为主题的Zoom会议。他们的每日主题有迷彩日、疯狂色彩日和最爱帽子日。周五是公司专有的珍宝品节。

来自加利福尼亚州旧金山的极狐(GitLab)邀请所有远程工作的员工每周花几个小时在一起喝着咖啡进行视频通话。

总部位于纽约的教育公司General Assembly设有一个视频聊天室,员工可在早上边喝咖啡边聊天。

位于马萨诸塞州剑桥的生物技术公司Synlogic Therapeutics给员工邮寄煎饼制作工具包,让大家上传吃早餐的照片。首席执行官奥伊芙·布伦南(Aoife Brennan)解释说:"我们有各种口味和形状的煎饼——从'星球大战'飞船形状到新型冠状病毒形状。"

位于纽约的基于网页开发的应用程序公司Trello Software为远程办公的员工提供午餐。每位员工最多可以花25美元。另一家位于纽约的品牌传播机构North 6th Agency也有同样的福利。

美国人力资源管理协会（SHRM）推荐以下小窍门，让员工真正享受快乐时光。

- 开会时给主持人几点内容提要即可，大团队开会则需要议会日程。
- 减少紧张情绪，让与会者放松心态。
- 尽量减少外界噪声干扰。
- 在视频会议平台上使用网格或图库视图，在交谈时能面对所有在视图中出镜的与会人员。
- 使用平台上的发言提示功能，避免因其他人的交谈而干扰正在发言的员工。
- 做一个好的听众。

大家普遍把跟狗狗一起玩耍的时光叫"汪汪时光"。穿着浴袍享受欢乐时光该叫什么？总部位于伊利诺伊州芝加哥的全球房地产投资公司仲量联行将其称为"水疗与抿一口之夜"（Spa & Sip Night）。

位于俄亥俄州新奥尔巴尼的私立学校Marburn Academy的人力资源总监劳拉·施密特·布雷迪（Laura Schmidt Brady）说："随着新冠肺炎疫情给生活带来的变化，我们的学校不得不开展网络教学。我为员工启动了网上快乐时光。我邀请他们提交一些聊天话题，例如'疫情结束后你要做的第一件事是什么？''如果要你挑一首歌或电影名字来形容这次疫情，你会选什么？'这相当有趣。每次大约都会有20%的员工参与，这种活动对于必须要在谷歌会议上开的会而言似乎是完美的。大家能在视频上看到12岁以上的人的面孔,很是兴奋。"

传递快乐网(Delivering happiness.com)举办一个每周两小时的员工会议。文化主管森尼·格罗索(Sunny Grosso)说:"这是合作!这是一个休闲而有趣的地方,你可以进来问几个问题或与团队联系,甚至只是在镜头前展示一下自己正在进行的工作。主持人在跑步机上工作,这一情景使会议的气氛活跃起来。我们开始团队合作,在世界各个角落的员工都可以远程处理事情。我们可以随意聊天。我们也经常会在谈话中找到新创意。"

修丽可(SkinCeuticals)是世界领先的美容公司欧莱雅旗下以科研为基础的护肤品牌,该公司的文化到处散发着魔力。由于新冠肺炎疫情,所有员工都在家中办公,总经理蒂娜·费尔(Tina Fair)想出了一些独特的方法来让大家团结一心,让公司正常运营。费尔带来了一位魔术师,他的表演拉开了全国销售会议的序幕。"魔术师的魔术很高超,员工的反响非常积极,我让他一起参加了我们的营销团队会议。"费尔说,"我真是太喜欢这种娱乐方式了,它能让大家更紧密地联系在一起。"

位于旧金山的高管培训公司UnleashedLeaders.com的高管教练瓦伊·波克(Wai Poc)分享了一个有趣的网络活动:怎样在网上迅速了解彼此(也称为网络速配)。它有如下几点活动规则。

·在活动开始之前要先回答7个问题。

·人们同时随机配对。

·第1轮：两人互相问相同的问题，例如"你最早的记忆是什么？"

·第2轮：新配对回答新问题。

·继续进行6轮提问回答。

位于科罗拉多州博尔德的求职网站FlexJobs的人事与文化负责人卡罗尔·科克伦（Carol Cochran）表示："只要有一个人远程工作，那么所有人都在远程工作。"该公司的员工定期参加网上的休闲聚会，玩小游戏，练习瑜伽和肚皮舞。

佐治亚州亚特兰大的顾问兼培训师卡伦·安吉丽亚塔（Karen Angeliatta）是在线教学工具Kahoot!的爱好者，这是一种供教师使用的一种在线工具，它能把在课堂上回答问题变成玩游戏。安吉丽亚塔说："该工具能让我们把问题的答案建成词云。我们还使用聊天软件让与会者分享文章、照片、活动等。以前我们担心要在家工作，现在我们却想快点上班。我们非常想让事情都简单化，这能让每个人都克服恐惧和紧张心理。"

位于俄勒冈州波特兰的软件公司Tripwire的员工通过美国网讯会议应用程序与客户体验团队玩起了"猜猜画画"（Pictionary）游戏。客户体验经理萨拉·霍尔特（Sarah Holt）分享了五个可以用来玩猜猜"画画游戏"的工具：白板和干擦笔、笔和纸、微软（MS）颜色笔、奥多比（Adobe）产品、谷歌产品。

福特（Ford）汽车公司产品开发电气工程部在全体员工大会之前举行才艺展示会，他们邀请了员工及其家人在线表演才艺。闭幕式上，由员工组成的重金属摇滚乐队创作并演唱了他们自己的歌曲，这首歌"震撼了整个会场"。总工程师布雷特·海因兹（Brett Hinds）说："音乐会取得了巨大的成功，我们也得到了很多积极的反馈。"

位于伊利诺伊州芝加哥的为企业提供团建服务的公司Windy City Fieldhouse专营网络寻宝游戏。员工组队寻找宝物、争夺积分。该公司还提供网络酒吧，配有虚拟司仪和团队分组讨论室。

总部位于纽约的为小企业提供资源的公司Fit Small Business创建并促进企业参与相关活动，还聘请了"体验专家"，这个角色主要由特森·麦克尼科尔（Tsion McNichols）担任。麦克尼科尔斯说："我们有时举办活动会照顾到不同时区的员工。"他们玩的游戏都可以通过视频顺利进行，例如拼字游戏和"猜猜画画"。

在线零售商Zappos位于内华达州拉斯维加斯，它在最近的"欢乐时光"活动中邀请常驻艺术家为感兴趣的员工创建了一个艺术项目。品牌周边开发主管克里塞斯·查瑟（Krissee Chasseur）说："我们提前发送了一份材料清单给员工，只是一些简单的东西，大家都可以在自己家的附近找到。在'快乐时光'活动中，他教会了我们用纸和绳子即可制作的超酷的皮影戏。我们让每个人都打开摄像头和麦克风一起参与制作，不让任何人掉队。"

7项有趣的网上活动

1. 家庭视频
2. 介绍家庭成员或宠物
3. 快乐的"汪汪时光"(和狗在一起)
4. "猜猜图片里的宝宝是谁"
5. 口型同步大赛
6. "猜猜画画"
7. 寻宝游戏

总部位于密歇根州兰辛的在线托管公司Liquid Web让员工完成一份关于兴趣和性格的调查问卷,然后将他们与来自不同分公司的员工进行匹配。配对的两人交换问卷,并根据对方的回答,为他们的新朋友绘制一个4×4格的小艺术品。

美库尔公司(Merkle Inc.)是一家总部位于加利福尼亚州伯班克的绩效营销公司,它给员工可打印的艺术品,用来作视频会议背景。

美国国家公共电台(NPR)报道称,至少有一个视频会议的"艺术品"已经"中了毒"。一位公司经理在Zoom会议上设置背景,自己的头像却不小心变成了一个土豆。她对此无计可施,所以她以"土豆老板"的身份开了会。她太喜欢这个玩笑了,这也是在远程工作环境中制造幽默氛围的好例子,这能振奋人心,促进整个团队发展。

总部位于加利福尼亚州圣地亚哥的

演讲指导和培训公司2Connect邀请其员工和独立承包商参与在线艺术作品鉴赏和诗歌朗诵活动,但与普通的活动有些不一样。在艺术派对之前,每个人都挑选一幅名画、雕塑、素描或照片,然后制作自己的版本,可使用任何在线或家居用品,也可以把自己融入作品中。在派对上,每个人都分享他们的新杰作。在诗歌朗诵之前,公司选择一个主题,让每个人撰写且提交两行诗文,然后将全部的诗发给大家,他们可以按任意顺序将这些诗文组合在一起,凑成一首完整的诗,在聚会上朗诵。该公司的创始人兼总裁戴安娜·韦斯特(Diane West)说:"由于新冠肺炎疫情的暴发,我们迅速地开启了网上办公模式,这让我们联系得更紧密了,所以我想利用这种优势。我们互相联系,这能减轻我们的日常压力,并且充分利用了团队的创造力。当然,所有活动都是自愿的,而员工参与的热情高涨。我们期待在新冠肺炎疫情结束后还保持这种精神。"

总部位于加利福尼亚州欧文的全球身份认证安保公司SecureAuth Corporation的员工都远程办公,他们每天在Zoom上进行五分钟的听音乐休息活动。系统日历会给他们发送工作提醒。他们会报名分享一首歌,有些人让他们的孩子和家人来表演。其他人则在音乐播放平台声田(Spotify)上播放一些有意义的歌曲。布宜诺斯艾利斯的领导者为自己的团队建立了一个Slack频道。"到目前为止,我们已经听到了我们国家几十年来流行的歌曲,"高级经理尼科尔·德沃利特斯(Nichole Devolites)说:"我们有一名员工用原声吉他演奏了自己创作的歌曲，另一名员工的家人与女儿用尤克里里伴奏演唱，还有一名员工13岁的女儿弹奏了肖邦钢琴曲。"

位于加利福尼亚州旧金山的应用程序连接软件公司Zapier有个客户服务团队，他们每个月的一个周五都要举办网络舞会。他们从声田中选一首歌，让员工用手机来录制一段5秒的跳舞视频。然后员工将视频上传到图片搜索引擎（GIPHY），并将其转换为图形交换格式（GIF）。最后，他们制作完成后，在该公司的Slack频道上发布一组剪辑动画。总部位于南非开普敦的数字营销服务公司Incubeta用"谷歌环聊"（Google Hangouts）软件也开展过类似的活动。

在新冠肺炎疫情肆虐之际，加利福尼亚州洛杉矶的作家莉比·吉尔（Libby Gill）在隔离期间创建了一个在线"写作冲刺"小组来代替在她最喜欢的咖啡厅举行的会议。吉尔说："大家都积极互动，这个小组很有意思，有与我们在咖啡厅开会一样的氛围。"他们互相提供反馈意见，这个小组侧重标题、单词选择、内容等方面的问题。吉尔说："我从测试组那里收到了非常好的反馈（他们三个月后依然劲头很足），我决定创建更多工作小组。"

凯悦酒店的3种为网上办公带来快乐的方法

凯悦酒店公司（Hyatt Hotels Corporation）人才发展区域总监瓦莱丽·霍普（Valerie Hope）管理着一支网络团队，他们经常做些有趣的事情来保持联系。

1. "庆祝伙伴"。当他们能够在现实中见面时，就把各自的名字放在一个碗里，每个人都用画展现一个名字，在接下来的12个月里，这个人就是他的"庆祝伙伴"。在这一年里，他们会认真为那个人庆祝，去了解对方，并以有趣和有创意的方式给他带来惊喜。

2. "我的"网页。瓦莱丽让团队成员在线开会时，用杂志来拼贴猜猜"他们是谁"。会议结束后，每个人都在网络电话上分享了他们的作品，他们把照片放到了一个共享文件夹中。

3. 赞美弹幕。当员工最终见面时，瓦莱丽要求每个人用3个积极乐观的词来描述团队中的同事，描述他们与同事工作时发现的最欣赏对方的地方。然后每个人依次分享他们所选择的形容词，告诉大家这些词的来由和附带的故事。瓦莱丽认真听了每个人所分享的赞美之词，搜集了那些重复出现

> 的词。然后她将这些单词输入到一个网站中，并创建了一个艺术字图库，使重复的单词呈现得更明显。到小组的下一次聚会，瓦莱丽为他们的那些字裱了框，并展示了每个人的艺术字。

总部位于罗得岛州的互助保险公司Amica Insurance有很多Peloton[①]动感单车供员工一起在线骑行。

总部位于纽约布鲁克林的全球数字公司Huge在午餐时间举办在线跑步活动。员工发布的跑步视频，其他人都能看到。位于弗吉尼亚州雷斯顿的移动平台公司Go Canvas举办"健身游戏"。卡片上的每个方块都列出了不同的活动，例如"最喜欢的瑜伽姿势"。来自伊利诺伊州芝加哥的软件公司NowSecure举办了"隔离期跨栏赛"。

除了锻炼和健康课程外，许多公司还为远程工作的员工提供机会去学习并分享食谱、财务管理和个人发展。位于马萨诸塞州剑桥的汽车购物网站CarGurus给员工开办了在线课程，例如"锻炼柔韧性"和"在家烹饪"。远程工作先行者施乐公司（Xerox Corporation）主持在线食谱交流会。软件公司NowSecure经常举办在线竞赛，例如最佳烹饪表演和如何最好地利用剩菜。

[①] Peloton，一家位于纽约的运动器材公司。——译者注

第6章 网上办公

总部位于马萨诸塞州波士顿的服务台软件供应商Help Scout每月通过Zoom举行主题讨论，该讨论会由10多名员工参加。运营负责人每次都会挑选一个主题，例如食谱派对（分享最喜欢的食谱）或"好食欲"（讨论时手机应下载了相应的应用程序）。这需要事先定好讨论时间，以便大家能有充分的时间去准备。每个人都通过视频来轮流分享。员工还可以通过视频来展现自己的日常生活和个性化的家庭布置。

总部位于纽约的数字媒体公司Vox Media让员工父母为员工家庭进行每日读故事的活动。首席执行官吉姆·班科夫（Jim Bankoff）最近给员工的孩子读了不少故事。位于纽约的其他两个公司的活动理念是，每天工作结束后，员工要么回家带孩子，要么小酌一杯。位于宾夕法尼亚州詹金敦的数字媒体公司Goodway Group在每周五为有孩子的员工举办半小时的家庭娱乐活动。

嵌入视频的交互式主体的发明商Innovid的高管开会的时候，会让自家孩子坐在膝盖上，或者炫耀他们的宠物。总部位于加利福尼亚州帕洛阿尔托的自动化软件营销公司PubMatic的员工在午餐时，向大家展示宠物或与孩子们一起吃午餐的情景。

《纽约时报》（*New York Times*）广告团队为员工举办"宠物游行"，展示他们的宠物。总部位于纽约的媒体和活动公司AdExchanger的编辑团队还设立了"工作-宠物-孩子"的频道。大家在这个频道上展示狗、猫和孩子。

位于阿肯色州小石城的广告技术公司Inuvo会在员工生日那天送他们手绘肖像、卡片和定制的杯子。

位于得克萨斯州奥斯汀的司机培训和防御性驾驶培训公司Aceable在Slack频道上共同庆祝员工生日，其他同事都有机会分享祝福。它还根据每位庆生者的个人喜好量身定制了动图。

早在新冠肺炎疫情之前，总部位于旧金山的Buffer公司就开始使用各种各样的"在线水冷却器"，让员工在工作和娱乐中都能互动，从分享聊天软件HipChat中的图片，到分享远程办公应用Sqwiggle上的主题日，再到上传"我完成的事"（I Done This）的帖子，甚至上传自己的应用程序。他们还在脸书群分享书籍和笑话，并用智能手环Jawbone UP跟踪和分享健身效果。

总部位于伊利诺伊州芝加哥的全球房地产经纪巨头仲量联行使用社交应用程序Houseparty和Zoom上的白板来玩游戏："猜猜画画"、冷知识游戏，以及"你了解你的副总裁吗"。

位于马萨诸塞州剑桥的诺华生物医学研究所（Novartis Institutes for BioMedical Research）为远程工作员工提供了一个应用程序的访问权限，这个应用程序能提高绩效，改善身心健康，平衡工作与生活的关系。

总部位于澳大利亚悉尼的跨国软件公司Atlassian设立了一个名为"远程社交"的Slack频道，来帮助远程办公的员工在新的环境中游刃有余地工作。

第6章 网上办公

总部位于加利福尼亚州旧金山的极狐在群组聊天软件Slack设置频道，来加强员工间的联系，在"常联系"频道中，团队成员可以选择通过一个名为"Donut"的机器人来进行随机配对。他们也可以加入"随意聊天室"，这个聊天室是永远在线的"谷歌环聊"。

位于华盛顿州卡温顿的创意活动提供商Team Building用Slack应用程序中的机器人为其最喜欢的频道'某个罗杰斯先生'点赞。首席执行官迈克尔·亚历克西斯（Michael Alexis）说："这给我们的工作带来了很多正能量和欢乐。我们将频道命名为'某个罗杰斯先生'是因为我们认为你已经开始了解自己的虚拟邻居了。"在每周工作开始和结束时，"Donut"机器人会自动将大家配对，然后双方进行30分钟的视频通话。即便是在工作时间，员工也可以聊些工作之余的话题。亚历克西斯补充道："我们从员工那里听说，他们聊了很多工作之外的兴趣爱好，并发现了彼此的共同点，建立了更牢固的友谊。"

位于马萨诸塞州波士顿的风险投资公司Underscore使用两个应用程序：RemoteHQ，这是一个能共享屏幕，做笔记的视频会议软件；Clockwise，这是一个谷歌浏览器（Chrome）的插件，它可以提醒大家在一天的网络会议之间腾出时间来工作。Underscore还使用了一个与Slack配合的应用程序，大家可互相赠予"在线墨西哥卷饼"来感谢彼此的帮助。该公司正计划举办一个办公室墨西哥卷饼派对来祝贺得到最多卷饼的那个人。

总部位于加利福尼亚州洛杉矶的调研服务企业DISQO创建了一

快乐工作法

7种有趣的在线团队活动

1. 舞会
2. 集体诗歌朗诵或歌曲创作
3. 食谱分享和烹饪课程
4. 电子游戏
5. 读书俱乐部
6. 瑜伽和冥想
7. 动感单车骑行

个"战胜新型冠状病毒"的Slack频道。人事经理安东尼·法比亚诺（Anthony Fabiano）说："这给了我们一个更好地了解彼此的机会，因为大家经常分享在家工作时的照片，其中有孩子、宠物和爱人的照片。最重要的是，我们还举办了在线欢乐时光和午餐会，以确保大家除了开会，也有面对面交谈的机会。"

研究免疫力失调的生物制药公司Momenta Pharmaceuticals的员工组建了"在线期刊俱乐部"来讨论一种疾病，公司正在为应对这种疾病而研发新产品。为了更好地了解新型冠状病毒如何影响临床试验中的患者，公司每周举办一次视频会议。

位于马萨诸塞州剑桥的软件公司March成立了一个名为"远程工作和包容性管理"的项目，来确保远程工作的员工有高品质的生活。

ENVOY公司是如何做到动员将近100%员工参加在线会议的

在新冠肺炎疫情期间,这家位于加利福尼亚州旧金山的访客登记产品公司Envoy必须对工作地点进行一些调整,但他们仍有目的地保持着一贯的办公传统,来让职员体会到优质的工作环境。

该公司已经预计到在线会议无论如何也无法跟现场召开的全体员工大会相提并论。然而,由于技术团队、主持人和汇报人都为在线会议的筹备辛勤付出,几乎全部的员工参加了会议。员工的反馈令人欢欣鼓舞:这个会议流程安排得很合理,会议召开得很顺利,没有长篇累牍的讲话。

会议有如下成功秘诀。

1. 准备会议:

· 提前一周收集演示文稿;

· 汇报人在会议前一天参加预备会议;

· 决定主持人,确定每个汇报人所需时间和会议中场休息的时间;

· 检查在线会议的"参与"功能在哪里,确定如何站立、坐下和如何发言；

· 检查要使用的技术设备，学习如何使用会议平台软件，检查无线网络。

2. 幕后技术人员演习"远程会议"：

· 选定音乐播放列表和播放歌曲的时间；

· 上传演示文稿；

· 设置主持人和共同主持人在Zoom上的发言功能；

· 做好处理会议可能出现的后台问题的准备；

· 在汇报人的设备上加载幻灯片、视频和其他内容；

· 设置定时装置，确保会议按照设定时长进行；

· 安装聊天软件（Chat或Slack）与主持人保持联系。

3. 让会议变得有趣：

· 让与会者穿上最喜欢的衣服，戴上太阳镜、帽子或头饰；

· 让他们用有趣的图片或宝宝的照片来做背景；

· 鼓励他们使用聊天软件。

4. 找一位精力充沛、有吸引力的主持人，他将做到：

· 在大家一进入会议室就能活跃气氛；

· 在整个会议中能够不失风趣地发言；

· 保证会议按照正常秩序进行。

第7章
游戏与竞赛

> 你想了解一个人,那就跟他玩一个小时的游戏,这比你跟他交谈一年还管用。
>
> ——柏拉图(Plato)[①]

研究表明,在工作中玩游戏既有趣又有成效。在线培训学习平台TalentLMS最近的一项调查发现,87%的受访员工表示,游戏让他们感到自己和同事的关系更密切了,对公司也更有归属感了。而根据软件开发公司Anadea的达里亚·洛普希纳(Daria Lopukhina)发布的一份报告,90%的员工表示,如果以某种游戏化的方式进行工作,他们的工作效率会明显提高。

研究还表明,即使是所谓的稍事休息,对员工来说也是有益的。堪萨斯州立大学的研究人员对来自各行各业的72名全职员工进行了研究,并且发现那些在休息时间花1~2分钟在手机上玩游戏的人,比其他同事更快乐。同一项研究发现,有员工会在8小时的工

[①] 柏拉图,古希腊伟大的哲学家。——编者注

工作中玩乐的6大好处

1. 提高认知能力、手眼协调能力和运动能力
2. 减轻压力，增强适应性
3. 协助团队建设
4. 鼓舞士气
5. 吸引和留住人才
6. 明确战略目标

作日中花22分钟玩电子游戏。

在工作中进行一些友好的竞赛，还可以增加工作的乐趣，提高生产力。

让我们来看一些公司是如何在工作中利用游戏、比赛来让工作氛围更轻松的例子。

总部位于密歇根州大急流城的猎头公司Open Systems Technologies会举办纸飞机竞赛。该公司创始人丹·贝姆（Dan Behm）说："这种比赛太酷了，它让来自公司不同区域的所有同事聚在一起，大家开怀大笑，并想出一些疯狂的主意。"

总部位于俄亥俄州的软件公司Hyland Software的首席执行官AJ·海兰德（AJ Hyland）给员工发邮件，就为了送给他们一个大大的惊喜。他邀请他们在当天下午一起在办公楼中庭参加纸飞机比赛。除了这个，该公司还有很多下班后举行的活动，比如彩弹射击和海兰德扑克锦标赛，最高奖金为500美元。

位于密歇根州的一家自动化软件公

司Pyramid Solutions的员工在感到有工作压力时，就会进行"能量枪大战"。一位高级系统工程师说："这是一种在工作中减压的有趣方式，这不是剧烈的体力活动，也不需要花很多时间准备，事后也不需要清理现场。"新员工在入职时都会得到一把能量枪，会有人跟他们讲："你会用上的。"来自得克萨斯州奥斯汀的一个灵活的员工敬业度软件平台YouEarnedIt的员工将公司给他们的积分用于买装备以备在能量枪战斗中进行团队练习。30分钟后，整个办公室变成了战场，战略、协作、出其不意，一个不留神都意味着生死（虚拟的）离别。

总部位于明尼苏达州曼凯托的玩具公司FUN.com也举办"能量枪战"，以及一年一度的"马里奥赛车"和"剪刀石头布"锦标赛。他们还有专门的游戏室。谷歌和位于明尼阿波利斯—圣保罗的科技公司Nerdery也以擅长"能量枪战"而出名。

加拿大蒙特利尔的旅行预订移动版应用程序Hopper会为其举办的"丑陋的假日毛衣"比赛的获胜者颁发一个特别奖杯。传播总监布里安娜·施奈德（Brianna Schneider）说："由于我们有几个不同的分公司，因此我们特意创建了一个专门的Slack频道来分享所有毛衣的照片。获胜者获得了一个特殊的奖杯。"

总部位于纽约的商业媒体出版商Fast Company在整个办公楼内举行密室逃脱竞赛。

位于宾夕法尼亚州阿尔图纳的加油站便利店连锁店Sheetz以奥

运会风格举办三明治制作比赛。

"对口型"比赛在位于纽约的在线服务提供商美国在线（AOL）里非常受欢迎。位于得克萨斯州奥斯汀的一家在线公司Bigcommerce和位于阿比林市的人寿保险公司Funeral Directors Life Insurance也喜欢举行这样的比赛。

社交媒体服务公司Pinterest的办公室的主要工作内容之一是在休息室里玩桌上足球，员工们聚在一起聊天、开怀大笑、吃吃喝喝。桌子已经严重磨损并且快要散架了，但大家说这才有意思。该公司鼓励员工在集思广益时或讨论项目时玩桌上足球。这可以刺激肾上腺素并激发创造性思维。他们已经用各种"事件命名"足球比赛，比如"jedmund"，这个词是有人从桌子击球，然后极缓慢地进球的意思，或者当守门员将球送进自家球门时叫"probasco"，即乌龙球。每一场桌上足球游戏都给员工们带来了极大的乐趣。

位于英格兰曼彻斯特的一家信息技术服务器托管公司Melbourne的员工以玩很多种游戏而出名，那些游戏都是公司自己设计的。首席执行官丹尼尔·凯伦·福斯特（Daniel Keighron-Foster）说："这是对努力工作的奖励，比发奖金好。这个想法的初衷是留住员工。"

位于华盛顿州西雅图的员工敬业度软件公司TINYpulse公司的员工一般玩两个简单的游戏："狼人杀"，以及"你这只猫（You

Cat）"。在第一个游戏中，玩家要想方设法指证对方是在睡梦中杀死了村民的狼人。第二个游戏类似于"猜猜画画"游戏。

总部位于华盛顿州西雅图的在线教育服务机构All Star Directories设有一个"官方娱乐委员会"，全年组织多项比赛，包括迷你高尔夫和空气曲棍球锦标赛。

一家总部位于纽约的培训公司CourseHorse的首席执行官兼联合创始人尼哈尔·帕萨萨拉蒂（Nihal Parthasarathi）想创建一种小组学习的氛围。他认为玩游戏是联络感情的最快方式。公司团队每周都会去华盛顿广场公园或中央公园在草坪上玩，或者玩棋盘游戏。帕塔萨拉蒂说："我发现与员工建立感情的最佳方式就是玩。在这种有趣和公平的竞争环境下，我们可以加强彼此间的联系。"

"医疗用品公司百特国际（Baxter International）在芝加哥总部的不同楼层设有两个部门，因此大家从来没有太多机会交流。"该公司前首席执行官哈里·克雷默（Harry Kraemer）说。"我们集思广益，让每个人都能路过其他部门。因为我们有18个部门，所以我们专注于室内迷你高尔夫，每个部门都必须设立一个高尔夫球障碍，所有员工都有机会打球。当一个人去到不同部门时，他必须能叫出遇到的几个人的名字。每个部门都必须给一个高尔夫球洞命名，他们花了数周时间来计划如何开始打球。我们为"最难一洞"之类的高尔夫球洞颁发了奖项，每个人都乐在其中。更重要的是，员工认识了所有部门的人，这使得项目合作、部门间人员交流、留住员工变得更加容易。这项活动非常受欢迎，我们后来每年都会举办这样的活动。"

当哈里成为公司的首席执行官时，他们还成立了垒球队，每个部门都有一支球队，在集团总部上班的人叫"百特孤儿"（Baxter Orphans），因为他们不属于任何特定部门。当海外同事来到总部参观时，他们必须参加团队比赛，这就意味着他们必须向其他同事学习怎么玩。这项比赛非常受欢迎，每年都会举行，这增进了公司55000名员工之间的友情，也增添了快乐，促进了彼此间的交流。后来他们又增加了其他运动比赛，有时还会举办足球赛，这可是欧洲同事的优势呢！

百特团队体育赛事后来还新增了一种以前没人玩过的游戏：旋转球（Whirly Ball）。玩这种游戏时，要用汽车保险杠和曲棍球棒推球，并投入篮球网。他们为这次活动举办了颁奖典礼，颁发了"最高分"和"最狡猾骗子"等奖项，这或许比任何其他公司的传统颁奖典礼都有意思。

加利福尼亚州大洛杉矶的在线营销和消费者体验平台开发商Core Digital Media每年都举办一次躲球和踢球比赛，参加者热情高涨。位于华盛顿州西雅图的在线邀请和回访公司Greenvelope每天都会举办桌上足球锦标赛。总部位于犹他州林登的人力资源软件公司Bamboo HR的员工都叫"斑布人"，他们最喜欢在午餐时间玩的游戏是终极飞盘。

金普顿酒店全年365天营业，但员工在工作的同时，娱乐方面并没有落下。大家一起进行即兴舞会、瑜伽、球类运动、穿越障碍课程，等等，这都给他们带来欢乐时光。

位于伊利诺伊州唐纳斯格罗夫的物流公司GCL的首席执行官丹·帕拉（Dan Para）喜欢玩游戏、打高尔夫。所以他在办公室设了一个游戏室，里面有一张12人的牌桌，桌上有GCL的标志。每周五下午几十个人都跑来玩得克萨斯扑克。

位于马萨诸塞州波士顿的人才管理软件公司ClearCompany，每月定期举办一场以斗地主扑克为主的游戏比赛。位于明尼阿波利斯—圣保罗的科技公司Nerdery允许员工在上班时间玩"魔法牌"游戏。

总部位于俄亥俄州门罗的空调公司HVAC.com常年举行多种比赛：一年一度的辣椒烹饪比赛、乒乓球比赛、桌上足球比赛和足球比赛。有一个项目引人注目：俯卧撑比赛，这项个人挑战赛每年都在刷新纪录。比赛持续30天，参赛者们每分钟逐渐能做50个俯卧撑。整个公司的员工都欢欣鼓舞，他们下一年又增加了仰卧起坐比赛。

英雄联盟视频游戏的制造商拳头游戏（Riot Games）拥有一个"游戏基金"，其中"拳王"（Rioters）每年可以在其他视频游戏上花费300美元。

保险公司前进保险（Progressive Insurance）的总部位于俄亥俄

州梅菲尔德，它为员工举办人工智能竞赛。

位于得克萨斯州科佩尔的存储和组织零售连锁店The Container Store在过去的10多年里，每年都会举办一次肥皂盒车比赛（Soap Box Derby）。该活动以汽车和服装为特色。营销团队驾驶着魔法校车，他们穿着实验室外套，跳上侏罗纪公园车，后面还跟着一只霸王龙。

英国伦敦的审计和咨询公司普华永道公司（Pricewaterhouse Coopers）每年举办一次足球和篮球国际锦标赛。

加利福尼亚州费尔菲尔德的游泳池盖销售服务Pool Covers Inc.的老板威廉·皮肯斯（William Pickens）经常在墙上挂一个数字，奖励那些知道这个数字与业务有何关系的员工。例如，22.5是送货卡车车队的平均每英里（1英里约为1.6千米）耗油的加仑（1加仑约为3.8升）数，猜对的人可获得10美元的奖金。皮肯斯说，这个游戏能促使员工思考业务方面的问题，也增进了大家的友谊。

交通管理市场解决方案提供商Iteris Inc.的娱乐委员会资助了一项在3月31日举行的"猜猜股票"比赛，获胜者的奖品是当地一家餐馆的免费午餐。该公司还启动了比腰围活动，员工每减肥一磅（1磅约为0.45千克），公司就会向他（她）最喜欢的慈善机构捐赠一美元。

上班时分心是很正常的，但全美互惠保险公司（Nationwide Insurance）的员工有一个秘密武器：工作几个小时后，屏幕上会飞过一样东西，这是提醒员工可以玩一下"在线篮球"游戏了。全美互惠保险公司允许员工玩这个游戏，并将其视为保健计划的一部分。这些游戏教会员工如何提高专注度和压力管理能力，加强记忆力并学会积极思考。

位于加利福尼亚州伍德兰的高档连锁超市Nugget Markets每年都会举办一次装袋锦标赛，一线员工奋力在比赛中争夺最佳装袋工头衔。

位于伊利诺伊州惠顿的咨询公司People Business Solutions Inc.的创始人约翰·彼得勒萨（John Petrusa）分享了他的客户赫斯特豪斯景观建筑师事务所Hursthouse Landscape Architects的故事。这是一家位于伊利诺伊州博林布鲁克的景观设计与建造公司，公司员工以前早上都不愿离开公司，拖拖拉拉地到工地现场施工。公司在设备仓库中设计了一个"手提板"，写上了五个工作组的名称，包括主管所在的工作组。

5种可在办公地点进行的游戏

1. 纸飞机比赛
2. 走廊曲棍球比赛
3. 办公室里的能量枪大战
4. 停车场或办公室里的水枪大战
5. 室内或室外遥控赛车

"然后，我们在员工之间进行了友谊赛，竞赛内容包括质量指标、工作速度和预算指标。"他解释说，"每周一早上7点，领导团队会评定前一周的团队得分，而获得最多'积分'的团队会将其团队的标志移至手提板上。每个月月底，领先的团队将获得现金奖励。团队负责人走到队伍前面领取100美元的钞票，每位团队成员的奖励则是50美元。除了现金奖励计划外，公司还会在天气恶劣的时候在院子里举办友谊赛。团队成员将进行基本的硬质景观技术比赛。这种比赛也刚好可以用来培训员工的景观知识，提高他们硬质景观的设计技能。"

位于圣地亚哥的制造测试设备开发商Four Pi Systems的软件开发团队启动了"找到错误，赢得美元"计划，也就是奖励发现软件缺陷的人一美元。这个活动改变了大家的工作态度，员工上报和修复软件缺陷的速度都加快了，从而改善了软件质量。

德勤在印度的四家分公司举行了一项竞赛，目的在于促进员工的投入、创新和创业精神。受邀的员工加入团队，并为解决生活中的实际问题而提供方案。该计划称为"特立独行"，评委将基于团队确定关键问题和制订解决方案的能力进行评判。比赛是为了好玩而设计的。这个活动的形式类似于真人秀，每周都有一个团队遭到淘汰，而获胜的团队则晋级。获胜者将获得小额物质奖励，并有机会与高管合作开展品牌推广活动等项目。

总部位于密苏里州圣路易斯的快餐连锁店Hardee's Food Systems

举办了一场卓越的竞赛。有2000多家餐厅参赛,每家餐厅派出一支由3人组成的团队与本地的其他哈迪餐厅竞争。区域经理根据快餐员工的4项基本标准来给团队评分:服务、产品构成、工作区域的清洁度和团队配合度。优胜队伍将晋级区域赛,7个进入决赛的团队将前往公司总部。每个竞赛阶段都设有现金奖励,全美国获胜团队的每名成员将获得1500美元。所有入围全美国决赛的员工都可搭乘公司的专机,乘坐豪华轿车在市里游玩,并享受贵宾级待遇。

美国三州地区和纽约地区的餐厅Greene Turtle每年都会举办调酒师比赛,调制新品种和振奋人心的鸡尾酒。调酒师展示他们的调酒技术,新的酒水单将添加获胜者姓名。

总部位于伊利诺伊州芝加哥的凯悦酒店为了寻找和培养有前途的人才,进行名为"好味系列"的内部烹饪比赛。每家连锁酒店都可以推荐一名参赛者。在来自40个国家的凯悦酒店的220多名同事中,将有6名获胜者赢得两轮比赛,争夺凯悦酒店的"世界冠军"所有行政总厨级别以下的厨师都有参加资格。仅在美洲地区,就有12场区域比赛,每场比赛有12~15名参赛者。区域优胜者将获得2000美元现金和免费的新加坡总决赛之旅。他们如果在新加坡获胜,将获得3000美元现金奖励。该比赛模仿竞技类烹饪节目《铁人料理》(*Iron Chef*),赛务组分发给每位厨师一个装有秘密食材的黑盒子,要求他们在两天时间内为评审团准备两道菜。

在亚马逊的很多仓储库房,员工会在上班时间玩电子游戏。有些人在赛道上玩虚拟龙或玩跑车，还有一些人则合作建造城堡。他们竞相完成客户订单，且订单进度会在视频游戏中展示。游戏会显示在装货区的小屏幕上。当机器人将巨大的货架推到每个装货区时，灯光或屏幕会指示员工需要将哪些物品放入垃圾箱。这些游戏可以跟踪工作任务，还能让个人、团队或整个部门在比赛中挑选或存放各种物品。玩游戏的员工可在整个轮班期间获得积分，获得在线奖章。

优步和来福车（Lyft）都是总部位于加利福尼亚州旧金山的拼车公司，它们使用游戏化的管理方法让司机高高兴兴地多接几趟客人，如完成目标（例如一周接60单或行驶20英里以上）的司机获得现金奖励。

塔吉特公司（Target）是一家位于明尼苏达州明尼阿波利斯的零售公司，它用玩游戏的方式来督促收银员更快速地扫描产品。而总部位于佐治亚州亚特兰大的航空公司达美航空公司（Delta Air Lines）则用游戏来帮助培训他们的预订代理机构。"如果玩游戏能取代无聊的工作，这便是最成功的。"游戏化顾问盖布·齐切曼（Gabe Zichermann）说，"任何游戏只要能帮助人们减少一点枯燥乏味的苦差事，哪怕只有一点，都会增加员工的幸福感。"

新加坡Amplus Communication Pte Ltd的执行行政人员沈兆杰女士（Sim Siew Gek）说："我完全同意快乐工作的概念！我坚信，

即使已是成年人，只要你愿意为团队合作带来快乐的元素，你就一定会创造奇迹的。我们办公室大约有50名职员，另外生产线上有50名普通员工。我们拥有多元化的人才，他们都来自不同的国家和不同的种族。几年来，我的人力资源部门没有经费来进行鼓舞士气的活动，因此我们不得不想出一些免费的活动。有一年，为了庆祝新加坡国庆节，我们设计了一个游戏，让尽可能多的员工参与进来。我们的目标是既让不同级别的员工有机会组队，相互了解，又使员工了解国家的历史和文化。

"新成立的团队成员都必须来自不同部门，他们分别参加不同级别的比赛。有测试灵敏度比赛，也有智力问答比赛，还有速度挑战比赛，这整个就像一个比赛大拼图。比赛持续了一个半小时。它给大家带来了很多欢声笑语，员工兴奋不已，它激发了团队精神，因为这些比赛需要彼此的合作和鼓励。这之

5 种可在办公地点进行的游戏

1. 用转椅等设备举行办公室奥运会
2. 骑椅子比赛（向后）
3. 橡皮筋大战
4. 公司产品和服务的问答之夜
5. 真人保龄球比赛，把人绑在滑板上，然后推向走廊尽头

后在上班的午休期间,大家经常谈论这个话题,他们互相取笑彼此有多傻,并分享比赛的乐趣。"

PTC大学为了创新与"鲨鱼"一起游泳？

想创新吗？需要改进你的产品或者产品方案？最好的办法就是邀请公司的同事一起来挖掘潜力。这不仅可以集思广益，还能让员工与公司共同成长。几年前，位于波士顿的软件公司PTC的软件学习和开发中心PTC大学受电视节目《鲨鱼坦克》（Shark Tank）的启发，采用了一种众人齐聚一堂共同创新的办法。在节目中，企业家向投资者（或"鲨鱼"）推销他们的点子。最好的创意即可从一个或多个"鲨鱼"那里赢得投资机会。阿德雷恩·拉·萨拉（Adrian La Sala）负责举办创新大赛，随后在学习峰会的一次会议上介绍了这种创新流程，他说："在我们的游戏中，高管是鲨鱼，负责公司运营的每个人都有机会尝试推销他们的最佳想法——希望能从中获得资金。我认为'鲨鱼周'是分享我们观点的最佳机会，分享关于公司由《鲨鱼坦克》激发的持续创新发展的灵感。"

分享过程

该过程分为两个阶段，即从构思到创新。

共同构思阶段

第一阶段是大家在线提交点子，投票过程可分为以下三步。

1.**筛选点子**：让全体员工参与并提交自己的点子。

2.**改进**：如提交后有他人提出建议的，受到启发的员工可以继续改进自己的想法。评委们整理列出最有前景的点子。

3.**投票**：大家也可对未上榜的点子进行投票，评委可据此做出调整得出最终上榜名单。

这一阶段就收集到了200多个点子，投票时选出了大约80个。评委们又从这80个中进一步挑选出20个。

创新峰会阶段

这个阶段是本次活动的高潮——一个模仿TV秀的会场。

1.**流程**：演讲者的想法变成了"热点"，他们积极地邀请同事也参与改进他们的点子。

2.**热点**：自己的点子要以有趣的形式在有限时间内向大家展示，共8分钟，另有5分钟是评委问答时间。

评委们会为好点子投入资金。最后选出的好点子就会进入实施阶段。

结果

"我第一年就胜出了,我的点子已经做成了产品。"拉·萨拉说,"那个产品的发布可能是PTC大学有史以来最重要的一次,因此我们一直都在用这个活动来继续选择好点子,持续我们的创新改造。"

"然而,这种活动带来的益处不仅仅体现在市场收益方面。另一个收获是全公司的积极参与。很少有大公司的每个成员都能有机会在高管面前表现自己。这个活动让最好的点子脱颖而出。"

"员工总共提交了200多个点子,获得了数百个奖章,我们可以肯定地说,整个公司真的是团结一致。"拉·萨拉补充道,"我本人的点子胜出了,并最后落实到生产,这确实是个引人入胜的活动、绝佳的学习机会以及难得的经验。"

活动方法

任何这样的大型活动都需要规划和编排。确保项目正常运转,实时更新目前的进展,评选点子和提交的方案都需要人力和时间。这总共需要三个规划:

- **流程规划**:上述的阶段以及时间节点

- **沟通规划**：全过程的沟通方法、信息收集和构想
- **表彰规划**：奖章、奖品，领导亲临现场鼓励和表彰个人

技术支持

要想在一家大型企业举办一场类似的比赛，你需要一个可以让员工提交点子、发表评论、进行投票的平台。此外，还要有一个可用于沟通、表彰和评分的系统。

有一个在线免费工具——Darwinator，你可以用来运作本公司的创新大赛。该工具的发明者也是个作者，你可以在他们的网站上找到该作者的书。

第8章
团建、团队和委员会

> 没有快乐的地方,就没有好作品。
> ——戴维·奥格威(David Ogilvy)

工作中另一个有趣且有价值的社交活动是团队建设活动,它有助于在团队成员之间建立融洽的关系,使员工能更轻松地进行沟通、协作和完成工作。它还有助于增强员工的忠诚度,使员工在企业内流动的能力更强,还有助于公司留住人才。

夏洛特皇后大学调查发现,大约75%的雇主认为团队协作"非常重要",但企业在绩效评估时,只对18%的员工就这项标准进行了评分。他们还发现,39%的接受调查的员工认为,自己在工作中与其他同事合作不够紧密。领导力发展与培训公司Fierce的一项调查发现,大约86%的员工和高管将工作失败归咎于缺乏合作或沟通效率低下。同一项研究还显示,49%的千禧一代支持用于职场协作的社交工具,甚至愿意自掏腰包购买此类能促进合作的工具来提高工作效率。

根据数字业务平台公司Alfresco对超过753名商务专业人士的调查，有近83%的专业人士依赖技术进行协作。

咨询公司美世（Mercer）调查发现，33%的员工表示协作能力使他们更加忠诚，而歌斯特（Gust）的调查发现，37%的员工表示"与优秀的团队一起工作"是他们留在公司的主要原因。

让我们看一些公司的例子，了解如何才能更好地促进公司内部团队建设和协作，怎样为每个参与者带来更多快乐。

总部位于密歇根州艾达镇的安利（Amway）是全球最大的直销公司，它鼓励员工互相帮助。某些部门的员工在工作量较小时，会帮助其他部门的员工。员工累计工作8小时后，会收到公司公关副总裁的感谢信。如果还有超额工作时间，这些员工则能与公司高管共进午餐。

俄亥俄州阿克伦亨廷顿国家银行（Huntington National Bank）的团队负责人迈克尔·格拉迪丝（Michael Gladysz）称自己为"角斗士"，因为他勇于挑战。格拉迪丝说："当喜欢吃海鲜的罗比被严重晒伤时，我们决定称他为'罗虾'。"现在，办公室里几乎每个人都有一个昵称，银行的美工根据每个人的昵称为他们制作了专属头像。

唐·科伊斯（Don Coyhis）曾担任美国数字设备公司（Digital Equipment Corporation）的科罗拉多客户支持中心区域经理，他认为如果工作中加入幽默元素，效果将非常好。他说："我们教每个人玩挤爆豆袋。如果员工在接电话后感到紧张，他们就可以挤爆一个豆袋来减压，为接听下一个电话做好准备。我们还设立了'发牢骚巡逻队'，劝慰正在发脾气的人稍事休息。我们发现一个人如果能有效地休息，他的工作效率也会提高。"

在需要团队达成理解、共同合作来完成愿景和使命时，希腊的金融机构Eurobank的信息技术人力管理部门主管斯特拉·约安尼杜（Stella Ioannidou）让员工边玩乐高游戏边开会。她还说到，她的团队遵守游戏规则，这让工作既高效又有趣，他们之间的交流和沟通卓有成效，他们在工作中感到轻松又减压。"提高效率让我们活泼快乐，因为我们拥有法宝，我们不再总是关注那些琐碎的事情。"她解释道。

佛罗里达州奥兰多的医疗健康机构AdventHealth有一个创新实验室。当员工有工作进展方面或管理方面的问题时，他们都可以向实验室中的团队提出。不同部门的人开会讨论解决这些问题的方法。该团队开展"智慧周三"的活动——午餐和30分钟的问题讨论。有时他们会进行类似TED的演讲。员工劳拉·格罗（Laura Gerrow）说："我和我的搭档做了'你的内心还有什么？'的演讲。我平时写短篇小说，还在会上朗读了一些篇章。我有个伙伴喜欢作曲，我们就谈到了作曲，然后我们还唱了一首新歌。这真是我人生中的精彩时刻，因为以前从未有过观众。我们都兴致勃勃，这30分钟给我们带来的体验真精彩。"

117

当马里奥领导领导力培训公司Ken Blanchard的协作组织设计团队时，他意识到团队已经好几个月都在努力工作，他们需要休息。于是，他们来到圣地亚哥的米申湾（Mission Bay），一边享用海鲜，喝着啤酒，一边聊着公司的情况。每个员工都分享了他们的感受，他们用开会时的活动挂图燃起了篝火，大家都开怀大笑起来。这让他们全身心放松，一洗过去几个月的疲劳，重新焕发活力。

总部位于纽约的医学眼镜零售商Warby Parker组建了一支员工文化团队。该团队负责组织公司郊游、主题午餐会和其他活动。比如为了鼓励员工之间的合作，他们会随机选择员工一起吃午饭。团队在招聘面试时就会强调，在公司发展过程中，员工必须将这种文化传承下去。

位于犹他州盐湖城的员工敬业度与认可公司OC Tanner允许员工在周一的团队会议上公开讨论想法、新闻报道或文章。公司鼓励员工从可靠的来源获取信息。在会议上，员工分享他们的想法或喜欢的文章，讨论这些信息将会对公司的业务、员工或客户产生哪些积极（最好多谈这方面）或消极影响。客户解决方案总经理迈克·布鲁斯（Mike Bruce）说："这为公司提供了深刻的见解，增加了员工间的对话和参与度。重要的是，它还把公司业务和娱乐有趣地结合起来，大家都可接纳不同的见解。"

总部位于宾夕法尼亚州费城的全球品牌体验机构Sparks开展了一个名为混合交际（Mix and Mingle）的项目，他们从不同部门挑选员工一起吃午餐，互相认识。在加利福尼亚州圣莫尼卡，营销和广告公司Genly每两周提供一次公司午餐。"这很棒，因为它让我有机会增进对素未谋面的同事的了解。"一位员工说，"我们一起外出玩耍，例如去体验非常酷的虚拟星球大战。"

位于加利福尼亚州的商业房地产公司Meissner-Jacquet邀请所有员工参加圣地亚哥动物园为期一天的团队建设活动。在享受过鸡尾酒和美味午餐后，他们进行了一个小测验，然后就是重头戏——寻宝游戏。首席人力资源业务合作伙伴安杰拉·罗伯逊（Angela Robertson）建立了五个团队，每个团队成员都来自不同部门。他们的主要任务是参观动物园，带回照片。这项任务极具挑战，因为那天天气非常炎热，大多数动物都躲在人类找不到的地方乘凉。"他们必须发挥想象力。"罗伯逊说。一个团队去了礼品店，给毛绒动物玩具拍了照。罗伯逊补充道："他们违反了规则。但是，每个人都玩得很开心。不用上班，跟平时不见面的同事一起玩，还不用完全遵守规则，这是非常美好的。我们有个新员工认为这是她职业生涯中最棒的第一周。"

美容公司欧莱雅的科技护肤品牌修丽可的总经理费尔说："最近我领导的团队成员们好像有很大的压力。他们所需要的是'把压力释放掉'。"因此，费尔在曼哈顿的健身房预订了一个拳击场作为下次开会的地点，团队进行了一些有趣的友谊拳击赛。费尔说："我的团队成员遍布全国。这种主题的聚会非常重要，它可以让我们继续合作和相互支持。拳击让我们的团队精神和战斗模式焕然一新。我非常爱我的团队！"

企鹅兰登书屋（Penguin Random House）是一家纽约的图书出版商，它鼓励员工组建或加入图书俱乐部，与同事面对面讨论书籍，这也是团队建设的一种形式。公司通过"免费图书计划"来激励员工的参与。他们可以从100多本书中免费获取几本纸质书和电子书，这些书籍每年都会更新。同样地，北卡罗来纳州海恩城堡的管理咨询公司MyEmployees每周开一次一小时的读书俱乐部会议。他们针对励志、财务准则、压力管理和人际关系发展等主题的书展开讨论。

总部位于纽约的办公用品公司Poppin的产品都具有前卫的现代设计感。它的使命是"快乐工作"。"俏皮50人"（Nifty Fifty）项目鼓励员工相互了解，一起娱乐。如员工在下班后进行有趣的活动（例如去听音乐会或美甲），公司会提供50美元的补贴。

当辛西娅·阿尔特（Cynthia Alt）担任美国信孚银行（Bankers Trust）组织发展副总裁时，她为一位喜爱高尔夫的高管建了一个小型高尔夫球场。每个部门都设计了一个富有创意且精致的迷你高尔夫球洞。四人为一组，组员分别由两个部门的同事组成，每个部门两个人。他们以20美元的价格从一个迷你高尔夫球场租了两个小时的球和球杆。这项活动非常成功，公司连续三年都举办了该活动。现在已是南加州大学教授的阿尔特还举办过一场复活节彩蛋狩猎活动。每个人都在塑料蛋里藏了张纸条，纸条上是随机抽到的同事名字。阿尔特说："如果你找到了别人的彩蛋，你可以再把它藏起来。这些人要想尽办法才能找到彩蛋。这项比赛持续了两天。"

数字营销公司Mannix Marketing最近聘用的办公室经理梅莉萨·哈斯（Melissa Haas）很高兴为公司带来新想法，增进同事间的友谊。因为那年有冬奥会，哈斯趁此机会举办了公司办公室运动会。她将公司分成三个队，每个队用一种颜色代表。每支队伍都选出一个队长。三个队分别是蓝铁（Blue Steel）、绿地（Green Acres）和猩红热（Scarlet Fever）。每个人都有自己队专属颜色的头巾，这头巾在接下来的两周内代表的就是他们的团队精神。由于这个运动会有点复杂，哈斯请了一位朋友和同事帮忙。哈斯说："每个人都参加了这热闹非凡的比赛。"

第1天：开幕式。吃比萨来开场。

10个有趣的团建方法

1. 设立一个娱乐委员会，轮换成员
2. 让团队列出一周工作中最有趣的10件事情
3. 与慈善机构一起开展志愿者活动
4. 带团队参加绘画或雕塑课
5. 带团队参加烹饪课
6. 让团队在墙上画一幅鼓舞人心的壁画
7. 进行团队寻宝游戏
8. 带员工去玩卡丁车
9. 成立读书会，为会员买书
10. 租用台球厅，举办部门台球锦标赛

第 2 天：投纸团篮球。

第 3 天：厨房挑战赛，运动员先吃婴儿食品，紧接着是一堆饼干。

第 4 天：咖啡楼梯比赛，比赛扛水桶上楼。

第 5 天：语法比赛。

第 6 天：因下雪而延期。

第 7 天：小游戏。

第 8 天：打字测试和最差网站评选（交给第三方评审）。

第 9 天：平面设计比赛，制作一个怪异的鸵鸟头人身的领导图片。

第 10 天：滚轮障碍赛。

第 11 天：闭幕式，烧烤，有各类食材，素食、辣椒和鹿肉等。

位于佐治亚州诺克罗斯的集成系统技术公司Canon Solutions America在公司周围设置一辆装满冰激凌、冰棒和水的手推车为同事提供服务。这种服务独特的地方是推车上播放的竟然是传统冰激凌车音乐。

专注于人力资源管理的公司HR Solutions的前总裁兼《构建磁性文化》(Building a Magnetic Culture)的作者凯文·谢里登（Kevin Sheridan），一年会计划好几次团队郊游。例如，带他的团队去千禧公园吃冰激凌，他们通常在星期五去看3个小时的电影，他们每个月都会花2个小时来玩一次游戏。

总部位于马萨诸塞州剑桥的营销软件公司HubSpot的员工每年参加3次神秘晚宴。在活动当天下午4点之前，员工都不知道他们要

第8章 团建、团队和委员会

去哪里吃饭，和谁一起。

总部位于加利福尼亚州旧金山的童鞋定制公司PLAE每季度举办一次烹饪"团队建设"。在现场的两支队伍只能使用办公工具参加一场"无铁化"的厨师烹饪比赛。远程员工会通过电话来对每道菜的样式、每道菜背后的故事进行打分排名。在另一场比赛中，几组同事"仅用甜甜圈就制作出了精美的生日蛋糕"。电子商务副总裁杰夫·哈（Jeff Ha）说，公司联合创始人认为这些活动可以提升士气，"可以从日常工作中偷得半日闲"。

位于马萨诸塞州波士顿的应用程序开发公司Mendix的专家服务团队，每周都会开一次啤酒与学习（Beer&Learn）的会。每个成员都要汇报工作进展，工作中遇到的问题以及下一周的计划。会后，为了指导团队的其他人，会有一名同事来分享开这次会都学到了什么。公司副总裁唐娜·威廉姆斯（Donna Williams）说："我们希望每个团队成员不仅要每周花时间学习新东西，还要与团队其他成员分享学习成果。开会的一个目的就是希望每个人都能进步，整个团队都能提升专业技能。"

当布拉德·泽纳担任咨询公司Worldwide Marketing and Sales的总裁时，他面临着整合多个营销和销售部门的挑战，集团由分布在6个国家的12家机械公司组成。布拉德说："每当召集'队伍'开会时，我们总是有'欢乐时光'，其中一项活动是打趣某位同事。我们总是选择那些会自嘲的人，因为我们从不想伤害任何人

123

的感情。"

"最有意思的'欢乐时光'之一是美国的销售工程师会议。我们有一个负责卡罗来纳州和佐治亚州工程部的同事,他绝对是对花生上瘾。开车时,他也会剥花生来吃。他汽车的地板上满是花生壳,就像在酒吧一样。你看到这情景,也会想往地上扔花生壳。如果必须得带潜在客户去吃午餐或晚餐,他就用吸尘器来清理花生壳,整个车闻起来就像一大罐花生酱。他的小伙伴给他取外号——'花生先生'、花生酱、坚果等。他的同事在开会时提到他的'花生瘾',他高兴地承认了这一点。"

"在销售会议上,销售经理邀请'花生先生'上台领取'特别'奖项。在谈完他对企业发展的贡献后,销售经理示意一名叉车司机上台。他们从叉车上卸下的不只一袋,而是两袋重达500磅的花生。他的同事和他一起哈哈大笑。24小时之内,全世界分公司的人都听说了'花生先生'的特殊奖。会议结束后,我们让人将两袋500磅重的花生运到他家。他妻子让他们把袋子放在车库里!"

佛罗里达州奥兰多的医疗健康机构AdventHealth的领导们有时会组团去参加志愿者活动。劳拉·格罗说:"我们在桑福德的动物园粉刷了一个动物栖息地,接着又回来帮他们找复活节的彩蛋,然后我们吃了午饭,在动物园里闲逛。"格罗在阿波普卡的韦瓦露营地(Camp Wewa)组织了为期两天一夜的露营活动,她的儿子是那里的主管。"我们玩得很开心,我鼓励其他地区的团队在当地露营地也开展类似的活动。"公司还举办了一场圣诞活动,在冬季公园乘船游览,然后参观莫尔斯博物馆(Morse Museum),还在一家著名的餐厅享用了午餐。大约90%的人表示,他们以前从未参加过这样的活动。格罗说:"这活动真好。我认为这让领导团队增进了友谊。我们这个行政助理小团队在这里也玩得很开心。我们经常开怀大笑,聚餐,一年做两三次义工。在你需要时,每个人都会帮助你的。"

食品制造公司通用磨坊公司(General Mills)有一个精神团队(Spirit Team),它每年都会举办8~10场团建活动,例如志愿者日,员工在非营利组织做义工。员工的反馈都是很积极的,参加志愿者活动能增进他们对工作和公司的好感。

总部位于加利福尼亚州圣莫尼卡的视频广告优化公司VideoAmp的核心价值观是团队合作。公司通过定期举办健身比赛来体现这一价值观。人才高级经理朱莉娅·赛德尼亚(Julia Saidnia)说:"各分公司的员工都团结起来,大多数人都参加了健身大赛,这促进了公司内部各个级别同事间的联谊。这些团队建设激励我们要一起健身。"

来自加利福尼亚州森尼韦尔的在线就业服务公司领英(LinkedIn)与总部位于旧金山的企业休闲体验公司Adventure Architects合作,向他们的高管发起内华达山脉滑雪的挑战。清晨,员工们被一阵疯狂的敲门声惊醒。他们接到"命令"进行一次高风险的搜救任务,模拟援救一名失联的滑雪者,他们拿到了地图、指南针和雪崩信标

9种有趣的团建方法

1. 组织员工在大屏幕上观看重要新闻
2. 带队观看即兴喜剧表演
3. 在公司烧烤、玩三足赛跑等游戏
4. 举办泳池派对，聚餐
5. 举办保龄球赛事
6. 聘请团建公司定制活动
7. 找个研究个人偏好的专家组织团队活动
8. 轮换小组成员主持会议
9. 为团队和重要成员租用体育赛事的座位区

等设备。然后他们坐在篝火边聊天，一位高管教练对他们的表现进行了汇报。公司创始人诺亚·雷尼（Noah Rainey）说："团队在享受乐趣和接受挑战时联系得更紧密了。"

总部位于旧金山的互动式团队建设活动策划公司The Go Game尤其以策划非常受欢迎的寻宝游戏而闻名。其他活动有以间谍为主题的冒险游戏、音乐视频比赛和围棋游戏。

位于纽约的摄影公司Shutterstock每年举办一次24小时黑客马拉松。员工们参加竞赛，竞争奖品，还有机会让公司资助和启动他们的项目。

第8章 团建、团队和委员会

软件公司ATLASSIAN在24小时的SHIPIT比赛中全力以赴

这家总部位于澳大利亚悉尼的跨国公司举办了一场24小时称为SHIPIT的黑客马拉松。不同部门、不同级别的员工都会参与。他们放下手头的工作，竭尽全力开创新思路。他们组建了临时团队一起来创新，这些临时队员以前从未合作过，他们在工程和设计、法律和金融领域方面集思广益。创新项目可以是技术性的或非技术性的，任何形式和大小的，适用于小型团队或整个公司的。公司没有限定条条框框，团队可以随心所欲地开展工作。

过去的举措包括：

- 通过公平交易，帮助ATLASSIAN基金采购服装；
- 为近期跨国人事调动的员工撰写海外生活指南；
- 允许客户使用在线支付服务PayPal支付云产品，并提供用于问题跟踪和敏捷项目管理的Jira软件服务平台。

公司推出SHIPIT活动伊始，仅有某个分公司的14名开发人员参与。到2019年，来自11个国家的二十几个城市的约

4000名员工参与了这项活动。随着黑客马拉松的成长，它也在不断革新。"你甚至可以说我们改革了创新竞赛。"博客作者多米尼克·普赖斯（Dominic Price）和菲利普·布拉多克（Philip Bradock）说。例如，他们开始了一个网上SHIPIT活动，因为远程办公的员工人数在不断增加。"我们还推出了'顾客英明奖'（Customer Kick-Ass Prize），一位客户选定且投资了一个获胜项目，它带来了显而易见的利益。"

整个公司的员工通过SHIPIT增进了感情，在公司产品、运营和管理流程方面注入了很多新思路。许多员工视SHIPIT为他们人生中的"24小时机遇"。

第四部分
以企业为导向的快乐

企业应公开鼓励快乐工作,这样员工去上班就会有期待。快乐工作不是偶然发生的,而是绝大多数员工对该主题的综合应用和响应的结果。

在理想情况下,高层管理人员会鼓励和支持快乐工作,甚至参与整个过程。但是创建快乐工作环境这一任务,并非仅仅依赖高管就可完成。

例如,成立一个娱乐委员会就可以开展工作了,这个委员会的成员来自各个不同部门(包括高管"发起人"),他们集思广益,安排活动顺序,有条不紊地持续开展娱乐活动。

我们将在总的工作环境基础上,细化到特定场合,阐述如何让传统的办公室庆典和活动对每个人都更具吸引力。

随着时间的推移,喜欢娱乐活动的员工都可以帮助企业塑造自己的企业文化,直到它成为一个固定模式,成为"我们就是这么工作的"的理念。一些企业甚至将快乐工作列为他们的核心文化之一,企业渴望拥有的价值观就是运作的机制,是成功的基石。

本部分的章节内容是"工作环境""办公空间设计""食品""狗和宠物""艺术""庆祝活动、生日和周年纪念日",以及"慈善与志愿者服务"。

第9章
工作环境

> "任何时候都是大笑的好时机。"
> ——马登·卡塔里亚(Madan Kataria)

影响快乐工作的另一个简单但重要的因素是工作环境。例如,设计咨询公司CMI Workplace的一份报告显示,如果员工在办公环境中感到快乐,就不太可能有压力。根据《美国工作环境调查》(American Working Conditions Survey),有超过一半的美国人称自己处于令人不快、有潜在危险的工作环境中,并且近五分之一的美国职员处在有敌对或受到威胁的工作环境中,这一点尤其值得重视。

你可以让公司的工作环境成为吸引员工的优点。让我们来看看一些公司是如何营造这样一种工作环境的。

位于科罗拉多州布鲁姆菲尔德的人际关系型领导力咨询公司SkyeTeam不只是口头上说在本公司工作是件有意思的事情,他们真的说到做到。为了让公司的员工记住、期待并获得快乐,他们公司的8个核心价值观中,有4个是与"快乐工作"相关的。创始人兼首席执行官莫拉格·巴雷特(Morag Barrett)说:"开心是会传染的。它能打破沟通障碍,将客户和同事紧密联系起来。当我们分享经验、彼此欣赏时,我们能更快找出真正的问题和最佳解决方案。"众所周知,首席战略官鲁比·韦塞利(CSO Ruby Vesely)以穿着KISS摇滚乐队[①]的服装而出名,他认为团队的所有成员都是他朋友。首席运营官埃里克·斯潘塞(Eric Spencer)表示同意:"我早上起床不是为自己工作,而是为我们、我们的家人和身边的人工作。"斯潘塞最近为石油和天然气行业设计了一项安全计划。他觉得在整个会议期间,他真诚友好的玩笑有助于在团队成员之间建立信任。其结果是:客户的安全问题减少了17%。斯宾塞说:"我们是本色出演。我们是真实的、有准备的。我们善于倾听,且享受乐趣,并且在工作中获得了很好的效果。"

博钦律师事务所(Perkins Coie)是一家总部位于华盛顿州西雅图的律师事务所,为庆祝公司成立100周年,给每位员工赠送了一本关于公司成长历史的书。他们还把糖果棒(雀巢脆棒的意思是"你帮助我渡过了难关",能量棒是"你真的帮助我们渡过了难关")当成奖品发放。一个匿名的快乐委员会也在办公区留下了礼物。

[①] KISS摇滚乐队,美国摇滚乐队,成立于1973年。——译者注

第9章 工作环境

乐高（LEGO）是一家位于丹麦比隆的塑料积木玩具公司，它提倡"成长"文化，这意味着公司手册中没有硬性的行为规范。员工可随意在日常生活中释放他们的想象力和创造力，这也体现了公司"快乐和欢笑"的核心价值观。

没有公司手册？没有对工作职责进行规范吗？总部位于内布拉斯加州奥马哈的软件开发公司Aviture的员工没有特定的职位。他们采用了一种称为"蝴蝶式"的工作安排，经理可以随时调整员工的工作。大家的工作角色是可变动的，员工可以轮换不同的角色，他们可对自己想做的工作制定工作职责。该公司的组织结构相对扁平，任何员工都可以轻松获得高管的职位。这就像敲门或吃午餐一样简单。

位于佛罗里达州克利尔沃特的网络安全意识培训公司KnowBe4的着装要求非常宽松。首席执行官斯图·斯尤沃曼（Stu Sjouwerman）说："你想穿什么就穿什么，只要你上下班途中没有因为穿着问题被逮捕就行。"

著名作家、评论家彼得·詹森（Peter Jensen）任《落日》（*Sunset*）杂志社的编辑时，建筑编辑有一天戴着八顶帽子来上班。这是为什么呢？詹森说："我们以前有些会议的气氛死气沉沉的，当编辑让我们每个人都戴上帽子时，大家才比平时轻松。我们都能开怀大笑了，工作效率也提高了。"

乔氏超市的市场高管或是收银员都穿着同样的制服。自20世纪

改善工作环境的7种方法

1. 以快乐或幽默为核心价值
2. 一周几次的"选你喜欢的鞋子"日
3. 特殊"主题"日
4. 周三休闲着装
5. 职工家庭或家长参观校园日
6. 弹性时间和休假或带薪生日假
7. 夏季缩短工作时间

60年代以来,所有员工都穿着夏威夷风格的花花绿绿的衬衫,在衬衫上别上自己的名牌。

宾夕法尼亚州匹兹堡的一家注册会计师事务所的一名合伙人说:"每到办税季,我们都倍感压力。每天都工作得很辛苦。我们从1月到4月15日的每个周六都要加班。"为了让工作变得轻松,他们庆祝周六欢乐日,主题包括"交换职业节""大学节""睡衣节"和"卡通节"。大家穿着应景的衣服,按照当天的主题来装饰他们的办公室。该员工补充道:"中午我们投票选出最佳服装和办公室。我们在午餐室里张贴了排行榜,在赛季结束时,前三名可获得礼品卡。甚至我们的客户也参与了进来,想看看周六的主题是什么,他们那天也穿着应景的衣服来'凑热闹'。"

在薪资业务软件公司Gusto的办公室中,员工享有"不穿鞋"的自由。联合创始人乔希·里夫斯(Josh Reeves)、爱德华·金（Edward Kim）和托默·伦敦（Tomer London）都在"不穿鞋"的家庭里长大，所以当他们一起离开家出去工作时，就从未见过鞋子。当公司搬到第一个传统办公楼时，该公司就有了不穿鞋的传统。乔什告诉《纽约时报》的记者："公司办公室是无菌的，有点冷。我们希望有一个非常舒适的工作环境。有时候，人们觉得不穿鞋的时候就是真实的自己。"有600多双鞋存放在公司入口的存放处，参观者也要脱鞋入内。然后他们可以选择穿拖鞋、按摩凉鞋或公司品牌的袜子。Gusto的使命是让员工们感觉像是在大家庭中工作一样，让工作带给他们更好的生活，"不穿鞋"的传统与此相辅相成。

位于加利福尼亚州帕洛阿尔托的室内设计应用公司Houzz不要求员工穿传统的工作鞋。在上班的第一天，员工都会收到在办公室里穿的免费拖鞋。

位于内华达州拉斯维加斯的在线零售商Zappos以有趣的工作环境而名声在外。该公司对着装要求非常宽松，所有打着领带进入大楼的人都会把领带剪成两半，别在大厅的墙上。他们的办公桌上有毛绒动物玩具，蓝人乐团（Blue Man Group）设计的雕塑都在墙壁上排列着，它们还会发出声音。Zappos公司章程中写着"创造快乐"。

当希尔顿酒店首席执行官克里斯·纳塞塔（Chris Nassetta）在市中心的一家新酒店试穿员工制服时，他感到很震惊。他说："当我穿上了酒店服务员的制服时，我想，哇，这也太重了吧！这衣服穿起来感觉不是很舒服，也不灵活。我们错了，我们的制服不合理。"因此该公司与美国体育运动装备品牌安德玛（Under Armour）合作设计更轻、更舒适的工作服。纳塞塔还以宾客区的标准对"后勤"员工区环境进行改造，让员工享受与宾客一样舒适的环境。他们给员工区增加了更舒适的家具、更好的照明、按摩椅和自助餐厅的免费食物。希尔顿还帮助员工取得GED（高中同等学力），还成立了希尔顿大学。这些是一些以员工为中心的改革，因此希尔顿连锁酒店被《财富》杂志评为美国"最适合工作的公司"。根据卓越职场研究所的说法，希尔顿的"一线"员工在满意度方面给出的评价很高，例如清洁和厨房员工。纳塞塔说："我最喜欢做的事就是考虑他们的需要。"

贝尔蒙特大学（Belmont University）的校长利用休假时间去访问那些成功企业，获取更多关于高绩效企业成功案例的一手资料。他了解到绩效和娱乐之间有很强的相关性，所以当他返校时，他成立了娱乐委员会，希望委员会通过各类活动让校园生活更加丰富多彩、充满乐趣。

博钦律师事务所（Perkins Coie）是一家总部位于华盛顿州西雅图的律师事务所，它有一个由匿名员工组成的快乐委员会，会员可以自由决定"是时候做点有趣的事了"。委员会成员会匿名做一些友好的事情，例如在员工办公桌上放一些礼物。办公室还举办每月的生日派对、定期的欢乐时光和全年自发地举行庆祝活动，例如屋顶野餐和冰棒社交活动。精心组织的年度假日派对上有新律师的小品节目，公司管理合伙人也会参加，她扮演过很多角色，包括维加斯歌舞女郎、多莉·帕顿（Dolly Parton）和奥姆帕·卢姆帕（Oompa Loompa）。

总部位于俄亥俄州伍斯特的工程数据公司TechniGraphics的员工，大约每月都会在午餐时间全体外出一次。他们可能会去打保龄球、滑冰、开卡丁车、打迷你高尔夫，等等。人力资源总监理查德·丹比（Richard Danby）说，这些社交活动是必需的，因为员工在平时都不碰面。他说："这是一个鼓舞士气的机会，也是一个让员工更好地了解彼此的机会。"有时，他们会在现场举办活动，如辣椒烹饪和乒乓球比赛，只要是能让人快乐的活动都可以。

"在Zoom公司，员工对公司心怀感激并感到快乐并非一两天，这是他们长期以来的生活方式。"首席快乐官与战略联盟的希瑟·斯旺（Heather Swan）说。该公司是一家总部位于加利福尼亚州圣何

5种有趣的组织活动技巧

1. 将快乐工作融入公司核心价值观
2. 遵循快乐工作原则
3. 成立一个娱乐委员会来出主意且具体落实
4. 给娱乐委员会送一本《快乐工作法》（*Work Made Fun Gets Done!*）
5. 为有趣的流程和活动找经费

塞的视频通信企业，能为顾客带来硅谷的优势。斯旺补充道："我们的执行团队和志愿者娱乐团队还通过独特的活动、福利、体验等为我们的员工、客户和大家庭带来快乐。"具体方案包括如下几点。

·报销所有员工和他们家人购买的书籍的费用，不设金额上限。

·报销所有员工的健身会员及课程费用，不设金额上限。

·高管每月一次轮流为他们的团队举办早餐派对。

"感激员工节的概念与我们对待员工、与员工互动的方式是不相符的。"斯旺说，"我们不需要这个节日，因为我们每天都在竭尽全力表达对员工的感激之情。"

位于伊利诺伊州惠顿的咨询公司People Business Solutions的创始人兼人力与文化代理总监约翰·彼得鲁萨（John Petrusa）分享了承包商新锐潮袜品牌Prismier的案例。约翰与这位客户共同创造了更快乐的工作环境。他解释说：

我们创建了一个文化俱乐部团队，要求他们每个月都要举办一个全公司参与的活动，让员工参与友好的竞争，共建友谊，获得快乐。

这些活动有密室逃脱、'步行的饼干'、萨尔萨舞、跑台阶比赛、停车场嘉年华、民族美食节、万圣节服装比赛、给嗷嗷待哺的孩子喂食，以及观看美国职业棒球大联盟比赛、美国大学联盟锦标赛等。

我们还在周五下班后开圆桌小组会议。由4到6名员工组成的小组会定期集会，品尝各种美酒，并可以就任何主题进行自由讨论，

第 9 章 工作环境

不一定是工作话题。

位于马萨诸塞州沃尔瑟姆的国防承包商和网络安全公司雷神公司（Raytheon Company）意识到，员工越来越关注如何平衡工作与生活。为了减轻员工负担，他们开始实行弹性工作制，员工有很多选择，包括"调整后的工作周"。员工可以选择自己认为最合适的日期和时间工作，公司每两周支付一次工资，只要他们在这期间工作满80小时即可。

科技与媒体服务公司奈飞（Netflix）的加利福尼亚总部不会检查员工的假期和工作时间，只检查员工的工作业绩。他们鼓励所有级别的员工都抽出时间来放松，最近升级为父母的员工可以休假4~8个月。除了社保和出差报销的普通福利之外，加利福尼亚州旧金山的软件服务公司Automattic还允许员工随时休假，每年假期也没有固定的天数。在Automattic工作的员工还可以设定自己的工作时间。尽管该公司位于旧金山，但许多员工在美国加利福尼亚州、保加利亚和日本的家中或办公室工作。在大湾区的另一家加利福尼亚州奥克兰的搜索引擎公司Ask.com没有休假制度。公司不累计也不记录休假时长。公司认为衡量员工是否成功的最佳标准是其工作业绩。他们还报销员工学费、慈善捐款，每周为员工提供一次免费早餐。公司很自豪地认为自己是快乐的使者。

在营销和公关公司Metis Communications中，员工有三周带薪假

5 种有趣的组织活动技巧

1. 进行一项关于快乐工作及其改进方法的调查
2. 360 天都应该设立有趣的项目
3. 所有高管都应了解娱乐的原则和技巧
4. 高管在组织活动中应具有幽默感
5. 在招聘高管时，聘用那些有意思的、友善的应聘者

和生日假，以及圣诞节和新年之间的额外假期。

跨国业务外包流程提供商 Sykes 的员工如果需要跨大陆和大洋出差，就可享受到一些福利。对于要出差 7~10 天的员工，公司允许他们比平时提前一天到达，这样他们就能有时间从舟车劳累中恢复过来，或游览他们出差的城市。全球金融和旅游服务总监阿尔·马佐拉（Al Mazzola）说："我们都能理解，你一出差就不得不离开家和家人很长时间，休息一段时间会减轻一些思乡之情。同时，也可以为接下来的工作做好准备。"

受到优步和来福车等公司的启发，大多数消费者意识到按需经济是至关重要的。在大多数大城市，公司按照需求为员工提供一些生活福利，如按摩、理发和洗车。位于加利福尼亚州卡尔弗城的零食配送服务公司 Snack Nation 的员工可以以非常合理的价格获得按需提供的高质量洗车服务。公司发现其纽约的办

第9章 工作环境

公室离最近的地铁站太远,这使得员工冬天步行走这一段路非常不方便。于是,公司租用了班车来接送员工往返地铁。现在只要是在暴风雪期间,他们就会停止取件,并调整拣货时间。总部位于马萨诸塞州剑桥的开发商和营销商HubSpot致力于给人才和客户创造最佳环境。各级部门和不同职能部门的员工都享有独特的福利,例如免费图书项目、与客户的免费餐等。

出差对哺乳期的母亲来说非常不便,因此强生公司(Johnson & Johnson)推出了一项服务,免费将母乳快递回家。

爱彼迎的策略之一是让员工不仅远离办公室,而且还远离城市。这家总部位于加利福尼亚州旧金山的度假屋供应商每年付给员工2000美元,供他们前往世界任何地方旅行。除了旅行津贴,员工还可以带宠物上班、去航海、打乒乓球、在工作时参加每周一次的瑜伽课、享受每日有机午餐,等等。当大多数公司都允许员工在周五穿休闲服装时,他们则刚好相反,要求员工在周五穿正式服装。

位于加利福尼亚州圣何塞的计算机软件公司奥多比鼓励员工参与他们屡获殊荣的搏击操活动,员工可以随时上报创新点子。员工会收到一个装满文具、零食和1000美元预付信用卡的红色箱子,他们可自由探索自己的想法,不会有人来干涉。

总部位于加利福尼亚州旧金山的制药先驱基因泰克公司(Genentech)有一年在4月1日的几周前在其内部网上传了一个帖子,宣布场地里将会出现山羊漫步的场景。公司要求员工们在网上注册并收养一只山羊，称有研究表明"当动物与人类互动时，它们会是更高产的食草动物"。公司真的把山羊运来了，数百名员工都报了名。大家都非常喜欢这个活动。一名员工说："本以为要领养山羊是公司为愚人节开的玩笑，没想到公司说到做到了。在基因泰克工作真是太棒了。我喜欢这里！"

位于俄亥俄州辛辛那提的克罗格（Kroger）食品超市在新冠肺炎疫情期间给全职员工发了300美元的一次性奖金，给兼职员工发了150美元。克罗格的董事长兼首席执行官罗德尼·麦克马伦（Rodney McMullen）表示："百货商店员工站在前线，确保美国人在这场前所未有的流行病期间还能购买到所需的食品和物品。正是由于他们夜以继日地工作，我们的超市才能持续为客户开放。我非常感谢他们所做的一切。这个故事中真正的英雄是我们的员工，我们希望为他们提供额外的资源和支持，帮助他们继续完成这非凡的目标。"

第9章 工作环境

思科系统公司的"员工制度"体现了其对员工的承诺

思科系统公司是一家总部位于加利福尼亚州圣何塞的跨国技术集团。该公司的业绩和员工满意度都有所提升,这在很大程度上归功于其员工制度,即它理想的工作文化的关键组成部分。在经历了多年的收入停滞后,在首席执行官查克·罗宾斯(Chuck Robbins)的领导下,该公司重新恢复了元气。公司发展能扭转局势的重要原因是它强调了"员工制度"——公司承诺为员工提供的服务,以及思科要求的回报。

什么是员工制度?

1.首先,紧密联系一切。思科致力于与员工合作,共享信息和资源,同时它要求其员工与同事紧密联系,以取得积极成果,达到公司的目标和客户需求。思科承诺为员工提供资源、工具,来指引他们完成目标。

2.其次,创新无处不在。思科致力于提供"开放"的环境,让员工能自由探索,不一定需要遵守规则,同时要求员工"坚持不懈地追求创新",创造美好未来。思科承诺给予员工尝试和失败的机会，甚至庆祝失败。

3.最后，造福所有人。思科承诺支持员工发展，表彰个人的贡献，用公司的集体力量给予这个世界积极影响。反过来，思科期望员工体现公司的全球价值观，并相信其"同心同力"的集体力量。思科承诺支持团队合作，奖励员工任何能反映思科价值观的举动。

2014年，思科员工接受了调查，调查中公司让他们界定自己工作发展中的里程碑。领导在综合考虑各种调查结果后，决定为员工调查中得出的11个"关键时刻"投入资源。公司对其员工设定期望值，明确共同的责任（合作关系）对于工作能否取得成功至关重要。

员工制度及其含义在招聘过程中便已向应聘者说明。新员工入职后便会在工作中经常接触到这一制度，尤其是在每周经理巡查时。与其等待年终绩效评估（思科没有这项评估），员工和经理更愿意共享工作进展，并即刻改正错误。公司企业文化得到了长足发展，这在很大程度上归功于员工制度的实行。

第10章
办公空间设计

> 房间是为人类而存在的，千万别搞反了。
> ——埃尔·利西茨基（EL Lissitzky）

对于今天的员工来说，办公室设计确实在他们对工作和公司的满意度方面发挥着关键作用。设计咨询公司CMI Workplace的一份报告发现，优秀的办公室设计可以使员工在工作中的幸福感提升33%，建筑设计、规划与咨询公司根斯勒（Gensler）最近在美国进行的一项职场调查发现，办公室设计是企业内部创新的关键驱动因素之一。

创新型公司优先考虑个人和团队工作环境的可能性比其他公司高出5倍。同一项调查发现，最具创新性的公司专门为员工个人设计办公室，同时也为团队协作提供资源。这些公司的员工表示与管理层的关系更好，并且他们觉得工作更有意义了。

此外，世界绿色建筑委员会（World Green Building Council）的一项研究发现，采用健康建筑功能的企业中，有69%的员工表示满意度和敬业度均有所提高。室内空气质量、照明、声学、室内布局和亲生物设计（在工作区内外添加植物）等环境因素都与提高员工满意度和绩效相关。确保员工能够获得自然照明，这可以改善他们的睡眠，使心情变得更好，生产力水平也会提高。

建筑事务所Hassell Empirica Research的一项研究着眼于职场空间规划和办公室设计如何影响公司对求职者的吸引力。事实表明，职场空间设计对求职者的吸引力确实相当大。当然，今天的员工认为薪水很重要，但如果公司开出的薪水已经很高，他们就会考虑其他因素，包括工作场所设施和美感、技术支持程度及职场文化，他们会据此评估在哪里工作会更快乐。

同一项研究发现，如果公司拥有吸引人的企业文化、完善的工作场所设施和最新的技术，37%的求职者会接受相对薪水较低的工作。该研究还发现如下几点。

· 伯明翰商学院（Birmingham Business School）的研究人员发现，如果人们在工作环境中拥有自由和自主权，即在办公室内随意走动，他们对工作感到满意的可能性会高12%。

· 《员工职场健康趋势分析报告》（Fellows Workplace Wellness Trend Report）称，绝大多数（87%）的员工希望他们当前所在的公司提供更健康的工作福利，包括健身房、公司健身福利、站立办公、健康午餐和符合人体工程学的座椅。而且，在同一份报告中，93%的科技行业员工表示，他们会在提供这些福利的公司服务更长时间。

· 康奈尔大学设计与环境分析部进行的一项研究表明，坐在距离窗户3米范围内的员工们的眼疲劳、头痛和视力模糊的症状减少了84%。

· 《亲生物设计在工作场所的全球影响》（*The Global Impact of Biophilic Design in the Workplace*）研究表明，在具有大自然特征的空间中工作的员工，其整体幸福感高出同行15%。此外，受访者表示工作效率提高了6%，创造性提高了15%。

· 如果办公室的室内设计能够吸引员工，为员工创造独处空间和社交空间，那么员工的注意力、协作能力、保密性和创造力都会得到改善——所有这些因素都会让职场变得更加愉快、有趣。

让我们看一个办公空间的设计提升员工幸福感的例子。

英国广播公司的朱莉·永宁·李（Julie Yoonnyung Lee）说："'桌子'（Desk）加上'内饰'（interior）等于'桌上装饰'（Deskterior）。韩国是世界上工作时间最长的国家，它利用这种装饰来让员工感到家的温馨。"在办公桌前花那么多时间工作，真的是枯燥无味。在首尔工作的、30岁的销售经理李惠英（Rha Hye-young）把好莱坞电影中的动作玩偶摆在办公桌上。"每当我得到新的玩偶时，我都会把它们带到办公室里来，而不是放在家里，因为我大部分时间都花在工作上。"银行从业人员李巨熙（Lee Ju-hee）非常珍惜她童话般的小办公桌。她桌上全是粉红色的东西，有迷你加湿器、迷你风扇、小型空气净化器和滚筒消毒器,还有一个粉红色的键盘。

位于内华达州拉斯维加斯的在线零售商Zappos的员工创造性地装饰他们的工作隔间。他们能用上几乎任何你能想到的东西:海报、衣服、毛绒玩具、假发,应有尽有。唯一的限制是员工自己的想象力。

位于得克萨斯州奥斯汀的社交媒体日程安排平台MeetEdgar自成立以来一直都处在偏远地段。公司每月为全职远程工作者提供100美元的互联网费用,每月300美元租用共享办公空间,全新MacBook也会在6个月后成为员工的财产。给居家办公员工最独特的服务,可能是支付清洁服务费用:打扫整个屋子,而不仅仅是远程办公区。

总部位于旧金山的手机游戏发行公司Pocket Gems让每个员工都参与舒适工作环境的建设。它为每位员工提供100美元,用于创造性地设计和布置他们的工作间。员工经常将资金集中用于购买乒乓球桌等大件物品。总部位于英国爱丁堡的软件公司Good-Loop为每位员工提供50英镑,用来布置他们的居家办公室。公司联合创始人埃米·威廉姆斯(Amy Williams)说:"经常与那些具有象征意义的小物品相伴可能对保持心理健康有帮助。比如将笔记本电脑接入大屏幕、把盆栽植物放在办公桌上等,都可以创造一种让自己感到愉快的工作氛围。"

椰子水公司Harmless Harvest在加利福尼亚州旧金山的总部给员工安装了吊床。

为了鼓励员工相互沟通，谷歌在其午餐区设有长桌。他们还提供充足的"餐厅卡座"，因为他们发现在这里交流比在会议室交流更能促进员工的创造力。

乐高是一家总部位于丹麦比隆的塑料积木玩具公司，它的办公室采用开放式设计，每个员工的办公区域都由醒目的横幅和大型乐高积木雕塑来充当边界。设计师可自由发挥，通过在办公室里展示各种物品和图片来彰显个性。

加利福尼亚州圣克莱门特的一家酒店管理公司Evolution Hospitality设计了一个叫休息室的公司厨房。穿过它就可以走到客厅，这里有乒乓球桌和三台可以转播电视节目的电视。

总部位于加利福尼亚州圣莫尼卡的优惠券代码和交易网站Promocodes的办公室距离海滩只有几个街区，办公室的装饰与海滩交相辉映。公司里有木地板和

2种低成本或零成本的快乐工作的方法

1. 让当地画廊老板提供绘画、雕塑、专业摄影等
2. 邀请艺术家、艺术系学生和员工轮流在办公室的走廊展示他们的作品

天花板、海滩主题艺术品和金属楼梯,还有酒吧和可供烧烤的大型屋顶。

游戏视频直播公司Twitch位于加利福尼亚州旧金山,该公司在九楼办公室精选的视觉产品和艺术作品都是由该公司的游戏玩家和主播推选和布置的。有两个"全是照片墙"的房间,里面有高端照明和Twitch流媒体设置,供员工玩耍。楼下有几个游戏室,旁边有一家咖啡馆,它提供免费咖啡和冰沙。在咖啡师酒吧的另一边是个沙龙,里面有街机游戏、弹球、玉米洞和几个经典的视频游戏机。一到欢乐时光,这里便人满为患。"这里竟然还有雅达利(Atari)游戏机……我们都忙着在控制面板上操作玩游戏。"大学项目经理托马斯·特茜尔(Thomas Tessier)说。他补充说:"房间里的'权力的游戏'弹球最近也很受欢迎。"对于非游戏玩家,会议室还有以千禧一代和X一代[①]的兴趣为主题的娱乐项目,例如观看《怪奇物语》(*Stranger Things*)或《哈利·波特》系列。"他们在某个人体模特上戴了一个鲍伯·鲁斯(Bob Ross)的假发。"特茜尔补充道。

活动策划与服务公司Red Frog Events的首席执行官乔·雷诺兹(Joe Reynolds)在位于伊利诺伊州芝加哥的办公室建了个带滑索的树屋。

---

① 指出生于20世纪60年代中期至70年代末的一代人。——译者注

第 10 章 办公空间设计

随着夏季临近，总部位于马萨诸塞州波士顿的旅游信息公司猫途鹰（TripAdvisor）对其户外庭院进行了改造，在酒吧旁边增设了个壁炉和休息室。

纽约的手工制品电子商务公司Etsy的总部大楼设计得既别出心裁又有趣。他们每个会议室的内外风格都不相同，还有可以进行"手工制作"的工作间。

总部位于缅因州弗里波特的户外服装公司里昂比恩（L.L.Bean）与办公空间设计公司Industrious合作，在美国城市公园内提供首个户外联合办公空间。有些办公室还有屋顶。他们撰写了一个使用手册，阐述了此次冒险尝试背后的科学原理，以及办公操作方法。正如里昂比恩品牌知名度总监凯瑟琳·普拉特（Kathryn Pratt）在一篇文章中所引用的那样，公司的目标是鼓励员工"在上班日也参与户外活动，而不仅是在下班后或周末才进行"。她补充说："许多不同类型的会议都可以从户外活动中受

办公室里 5 件有意思的事

1. 在办公桌面上放可爱、有趣的小摆件
2. 给盆栽取滑稽的名字，彰显它们有趣的个性
3. 装饰格子间比赛
4. 用办公室里的设备和工具打一场迷你高尔夫
5. 休息室、办公室背后的幽默公告板

益,比如,创造性的集会或面试。"

一些公司不再去酒店举行会议,而是在爱彼迎的场地开会,这能让团队更亲密地合作。云管理和文件共享服务Box和全球商用车产品供应商美驰(Meritor)觉得他们可以在同一个地方开会,不需要安排单独的会议室和会议中心,这样可以节省成本。

第 10 章 办公空间设计

HULU公司的"HULU公司实验室"

当Hulu公司的设计团队在洛杉矶的新总部工作时,他们考虑到几件重要的事情。Hulu公司人才和企业高级副总裁吉姆·奥戈尔曼(Jim O'Gorman)说:"我们都要享受快乐。办公楼的设施应该能满足我们的需求。我们这里每个人都是精英,所有人都有同样的桌子和椅子。"根斯勒公司曾为Hulu公司设计了分公司办公楼,它位于加利福尼亚圣莫尼卡,占地8361平方米。员工们对设计办公楼所涉及的方方面面都进行了投票,包括从椅子的风格到厨房里烹饪用的食材种类等。

Hulu公司的团队喜欢双关语。一出电梯口就能看到"Hulu公司实验室"(Hulubratory)字样。等候区张贴有数百张Hulu公司员工的头像。入职后,每个员工都可以用任何彰显自己个性的道具来拍摄一张有趣且专业的证件照。首席执行官迈克·霍普金斯(Mike Hopkins)是2013年10月加入这个团队的,他非常喜欢这种快乐的工作氛围。在他的照片中,他摆出了要把西装扔进垃圾桶的姿势。

快乐工作法

快乐和娱乐是在设计办公室时需要考虑的重要因素。设计团队创建了4个不同的游戏中心，每个游戏中心都有独特的个性。所有的游戏室都使用工作室隔音玻璃和双层墙。Hulu公司的设施、运营和项目经理劳伦·纳托尔（Lauren Nuttall）说："我们真的鼓励大家边玩边工作。工作应该是快乐的。来到这里就应该是快乐的。"

第11章
食品

> "努力工作的回报是美食。"
> ——肯·福利特（Ken Follett）

就像关心工作环境的条件一样，为什么企业也要担心员工吃什么呢？简而言之，企业不必担心这一点，但企业如果关心这个问题，就可能会在工作绩效、员工健康和满意度方面得到显著的回报。

根据美国疾病控制与预防中心（CDC）的数据，慢性病导致的生产率下降每年给企业造成2600亿美元的损失。Rival Health的报告称，69%的员工对营养规划感兴趣，但只有43%的企业提供这些福利。《健康事务》（*Health Affairs*）杂志报道，一项全面的企业健康计划的平均投资回报率是为员工健康每花费1美元，就有3.30美元的回报。

根据一家提供零食配送服务的公司SnackNation关于员工幸福感的调查，在工作中可以享受免费食物的全职员工中，有67%对他们目前的工作"绝对"或"非常"满意。所以免费食品是员工渴望的最佳福利之一，这一点不足为奇。这就是为什么谷歌和脸书等公司将其用作吸引和留住顶尖人才的一种方式。此外，同一项研究发现，48%的求职者在选择公司时，会权衡公司福利，其中就包括零食的供应。

在线杂货配送服务公司Peapod对上千名全职员工进行的一项调查发现，超过一半（56%）的人对目前的工作感到"超级开心"或"非常开心"。然而，对于在工作中有免费食物的员工来说，这个数字跃升至67%。

共享食物是职场中建立友谊的一个好方法，特别是现如今大多数员工几乎有一半时间都要靠高科技与人交流。办公室餐饮与零售配送平台ZeroCater的一项调查发现，给员工一个可以边吃饭边互动的环境对公司文化有着积极影响：35%的公司提供办公室餐以促进团队建设。

如果公司的经费不允许每天为员工提供免费食物，那么也请考虑每周一次，例如，"周五提供百吉饼和咖啡"。当下只有三分之一的公司为员工提供免费小吃和饮料，即使是简单的免费食物，也能让公司在竞争中脱颖而出。

让我们来看看一些公司正在采取哪些措施，他们是如何利用提供食物这项福利，让员工在工作时更快乐、觉得工作更有意义的。

位于佐治亚州诺克罗斯的美国佳能解决方案（Canon Solutions America）会派人推着装有苏打水的零食车到各个办公区域供员工饮用。当员工跳草裙舞时，他们会用零食和小礼物进行奖励。

位于纽约罗切斯特的连锁超市斯食品（Wegmans Food Markets）

会给在寒冷的户外工作的所有员工提供免费热巧克力。

位于北达科他州迪金森的一家眼科临床研究机构Trial Runners会在雨天为员工提供暖心的饼干，还会举办完全放松的聚餐。

总部位于英国萨里的租车公司Enterprise Holchngs的员工有机会品尝大多数人从未喝过的美国苏打水。他们举办滑稽的品尝会，看看汽水是否比奶油苏打水更好喝。结果，奶油苏打水赢了。

来自市场研究与咨询公司SBC Global的保罗·康宁哈姆（Paul Conningham）带来装满肉丸的瓦罐上班，来为每个员工做三明治。"这比买午餐要好，因为任何人都可以买三明治，但一个为员工做午餐或哪怕只是带来一堆新鲜出炉饼干的经理会更受欢迎。"康宁哈姆说，"此外，这还给经理们与员工一对一、无压力互动的机会，还能同时享受肉丸或饼干。"

在总部位于华盛顿州伊萨奎的大型零售商开市客（Costco）中，员工可以免费获得感恩节火鸡。

总部位于马萨诸塞州剑桥的开发商和营销商HubSpot每年都会由8~10名员工举办三次神秘晚宴。在活动当天下午4点之前，大家都不知道会在哪家餐厅或有哪些人参加晚宴。公司文化副总裁凯蒂·伯克（Katie Burke）表示："我们发现，在一顿美食中度过美好时光，能够让员工与其他团队的人建立牢固的友谊。"

在纽约格伦福尔斯（Glen Falls）举办的为期11天的办公室奥运会中，食物发挥了重要作用。数字营销公司Mannix Marketing的办公室奥运会开幕式从吃比萨开始。第3天比赛的特色是厨房挑战。运动员在比赛时吃了一罐婴儿食品,里面有鸡肉、米饭、豌豆和胡萝卜。吃完婴儿罐装食品后,运动员们比赛吃一小叠咸饼干。吃完饼干后第一个吹响口哨的人获胜。在闭幕式上,大家品尝到了各种不同种类的辣椒。

乔氏超市的员工需要品尝他们出售的食物味道如何,才能将其推荐给顾客。因此,口味测试是他们工作的一部分。

总部位于加利福尼亚州旧金山的二手服装线上销售公司Twice的首席执行官说:"惊不惊喜?小卡车来了!我们吃点冰激凌吧。"员工们得到的不只是冰激凌套餐,还有冰激凌、炸玉米饼和手工制作的有机食品。

位于加利福尼亚州圣地亚哥的医学成像解决方案公司(现归IBM所有)的项目管理团队DR Systems经常要求其制造部门根据顾客的需求来加快进度或调整进度。这不仅打乱了原有的生产计划,还经常需要该部门加班。为了缓解压力,保持沟通畅通,并对超额完成任务的该部门表示感谢,项目管理团队请制造团队吃甜甜圈早餐,或者为两个部门提供比萨午餐。

位于弗吉尼亚州阿灵顿的创新技术企业Interos确信能打动员工心灵的方式就是满足他们的胃。员工在庆祝纪念日或生日时,会收到一份纸杯蛋糕和一张礼品卡。公司的文化俱乐部为65名员工每人送去了一个零食盒,里面装满了营养棒、坚果、健康薯条和饼干。

第 11 章 食品

食品卡车是内容交付网络提供商EdgeCast所有员工的心头爱。不同的食品供应商每个月都会提供美味的午餐，从炸玉米饼到汉堡，再到烤奶酪三明治。

凯悦酒店的员工餐厅是供员工烹饪、庆祝活动的场所。这些主题美食节上有精心制作的菜单，让人感受到欢快的气氛，还有音乐和有趣的座位安排。

位于纽约布鲁克林的公益公司Kicks-tarter为员工提供家庭套餐和欢乐时光。公司每月随机邀请4~6名员工组成的小组，请他们享用一顿悠闲的午餐，在吃午餐的同时增进彼此之间的友谊。

来自员工敬业度软件公司TINYpulse的萨布里娜（Sabrina）说："对我们的营销团队来说，周一早上是咖啡时间。"他们能从办公室步行到华盛顿州西雅图市附近的各种咖啡店。"我们轻松地度过了大约半个小时。有时我们谈论工作，有时聊周末——我们的目标是以积极的态度开始新的一周，这样我们就可以在

10种方法让工作中的食物变有趣

1. 分享或发布最喜欢的食谱
2. 安排不同菜系的聚餐
3. 制作或订购早餐和（或）午餐
4. 制作或订购特别晚餐
5. 逛农贸市场
6. 现场设置食品卡车
7. 在慈善餐厅做志愿者
8. 安排膳食，准备团队建设活动
9. 组织就餐
10. 员工开发新品食物

6 种方法让工作中的食物变有趣

1. 上班途中为同事买咖啡、饮料
2. 叫冰激凌或刨冰车来办公室
3. 从家里带食物来办公室
4. 每月举行早餐会（每次不同的餐厅）
5. 举办一场最美味饼干比赛
6. 来个辣椒餐

未来的一天乃至一周里充满能量。"她补充道。同样地，总部位于加利福尼亚州旧金山的金融服务公司Square的执行团队成员与当地咖啡店的新员工进行随意的一对一交流。

总部位于华盛顿州马科尔蒂奥的信息系统咨询公司Benefits Solutions的员工每周五都会享用由同事制作和提供的早餐。员工叶莲娜·塞梅努克（Yelena Semenuk）说："公司已经给了我们很多福利，这些都是额外的。这真是太棒了！"

另一个给员工提供免费餐的企业是位于华盛顿的招聘公司Midtown Group。该公司的总裁兼首席执行官海伦·斯蒂芬·莫罗（Helen Stefan-Moreau）每周五都会为她的全体30名员工提供丰盛的晚餐，该晚餐由当地餐饮企业Ridgewells Catering和胖皮特烧烤（Fat Pete's Barbecue）提供。

总部位于加拿大安大略省的威廉森集团（Williamson Group）是一家金融服

务公司，其高管每周举办一次"纤维周五"活动。员工们能享受到一大盘水果和蔬菜。

如果员工想吃汉堡，一个比较好的选择是为他们提供双层汉堡和薯条，这并不是最昂贵的福利。

当你一整天都在努力工作，突然听说厨房里已经提供了很多免费食物，你的心情该多么愉悦啊！位于内华达州拉斯维加斯的电商网站Zappos为其员工提供了一个软件应用程序，可以查询该公司园区内提供免费食物的时间和地点。

冰激凌生产商Ben & Jerry's Ice Cream希望员工了解且喜欢它的冰激凌，因此每天都奖励他们约1.4升（3品脱）的冰激凌。虽然这似乎与许多公司的健康举措背道而驰，但这一做法确实让员工大受朋友和家人的欢迎，他们都开心地分享这每日的福利。员工还可以为新冰激凌产品起名字。

总部位于加利福尼亚州旧金山的游戏公司Twitch全天为员工提供免费食物。两个在公司流行的、与食物相关的活动是"甜甜圈日"和"带馅煎饼比赛"。公司售出的门票收入全部捐给当地慈善机构。

总部位于加利福尼亚州旧金山的搜索和广告引擎公司Stumble-Upon为员工提供5天的早餐和午餐，厨房里随时都备有有机水果、小吃和饮料。

总部位于加利福尼亚州旧金山的游戏开发商Zynga提供免费正餐和零食，包括每日午餐和晚餐。

农贸市场的亮点

随着企业更关注给予员工健康和保健方面的福利,农贸市场自然而然就成了福利的一部分。很多公司都定期将农贸市场搬到公司,雅虎、美国在线、奥多比、前进保险和尼克劳斯儿童医院(Nicklaus Children's Hospital)只是这众多公司中的几家。"当我在新员工入职培训中发言介绍我们的保健福利时,便提到过农贸市场,这激起了每个人的兴趣。这绝对是一个卖点。"该医院负责员工健康的运动生理学家凯蒂·斯托纳(Katie Stoner)说。

凯撒健康计划和医疗集团(Kaiser Permanente)是一家医疗保健机构,它在美国各地的医院和诊所经营着50多个农贸市场,有一年它对逛市场的2400多名顾客进行了调查。超过80%的人表示,在日常饮食中,他们增加了水果和蔬菜的摄入量。

一些公司没有农贸市场,而是提供社区支持农业(CSA)计划。他们每周将来自当地农场的时令农产品装箱送到公司。位于威斯康星州麦迪逊的FairShare CSA Coalition是一个

第11章 食品

将当地农民与消费者建立联系的联盟。它与50个农场成员合作,将CSA计划推广到45家企业。

总部位于加利福尼亚州南旧金山的生物技术巨头基因泰克在公司内设有农贸市场,以新鲜、有机、当地种植的农产品为特色,该农贸市场售卖的都是本季新鲜的蔬菜水果。

第12章

狗和宠物

> 如果狗死后没有去天堂,那么我死后也想去他们在的地方。
>
> ——威尔·罗杰斯(Will Rogers)

为了让员工在工作中感受到快乐,很多公司还采用了一种做法,就是允许员工带宠物(尤其是狗)上班!越来越多的企业和员工发现,宠物让他们更快乐,还能让他们减轻工作压力,给他们创造舒适、灵活的环境。宠物可以增进职场中同事间的友情,即使是那些从未交流过的同事也会把宠物当成共同话题。

南加州大学文理学院的丹娜(Dana)和戴维·多恩西夫(David Dornsife)发布的报告表明,宠物对员工起到如下作用:降低血压、减轻压力、提高工作效率。

美国宠物产品协会(APPA)通过对全国宠物主人的调查发现,抚摸自己的或别人的狗都可以减轻压力。根据英国《每日电讯报》(The Daily Telegraph)的报道,拍打和抚摸狗的过程会使人的血压降低,人因此会心情更放松,感觉更良好。因此,办公室里的狗可以减轻员工在工作中承受的压力。

弗吉尼亚联邦大学的一项研究发现，与没有宠物的员工相比，带着宠物上班的人的压力要小很多。研究表明，将宠物带到职场的员工的压力下降了11%，而那些被迫将宠物留在家中的员工的压力上升了70%。

研究人员发现，同事也可以分享这种好处，他们说喜欢与宠物进行短暂的互动，有时甚至要求带它们去散步。根据多项研究，被带到职场的狗还促进了员工的社交，为同事提供了更多在办公室积极互动的机会。

美国宠物产品协会的同一项研究表明，狗会鼓励主人锻炼身体：养狗的人比不养狗的人平均多走了79%的路。锻炼对身心健康有许多额外的好处。带着狗上班的员工可能会在喝咖啡休息时出去走走，体育锻炼将有助于他们在一天里保持饱满的精神状态，提高工作效率。

养宠物带来的积极的、健康的益处是显而易见的，他们看医生的次数少了，胆固醇降低了，心脏健康状况得到了改善。

弗吉尼亚联邦大学的一项研究找到了有力证据，证明动物还会通过其他方式来帮助人缓解压力。根据研究，欢迎宠物的员工比不欢迎宠物的员工更快乐、更友好、更有创造力、更紧密合作。中央密歇根大学的一项研究发现，欢迎宠物的员工更喜欢合作，更愿意信任他人。所有这些都有助于创造一种更高效、更有成效且更快乐的企业文化。

非营利性研究与教育组织"人与动物的纽带"（Human Animal Bond）甚至研究了狗的存在对工作小组解决问题的影响。他们的研究表明，拥有狗的团队能加强信任和凝聚力，促进团队协作。该研究所还进行了一项全国性调查，结果显示在欢迎宠物的企业里工作的员工更加敬业，更愿意留在公司工作。

员工通常将"职场的狗"制度视为一种宝贵的职场福利。根据《每日电讯报》的报道，最近的一项研究表明，43%的员工希望在办公室看到宠物，39%的人认为工作中的宠物会提高他们的工作效率，50%的人认为这会增加他们的幸福感，而且如果允许宠物陪伴，很大一部分员工可以用更长时间加班。对于企业而言，可以将爱狗制度列为一项吸引和留住人才的职场福利。尤其是对千禧一代而言，他们更看重这种福利。欢迎宠物的公司有亚马逊、谷歌、软件公司Salesforce、爱彼迎、在线活动策划服务平台Eventbrite、企业社交网络服务提供商Yammer、电子商务Etsy、网页和移动应用程序开发公司Asana、游戏开发公司Zynga等。

让我们通过一些具体的例子，来看看一些公司是如何鼓励员工在工作时养宠物的。

房地产投资公司Camden Property Trust的总部位于得克萨斯州休斯敦，该公司举办了"带狗上班日"活动。自助社交媒体平台公司ShortStack实行的"汪汪周三"是一项让员工自由带狗来上班的制度。营销公司Spyder Trap规定周五可带狗来办公室自由活动。房地产中介公司FlyHomes的员工会在12月的假日派对上带来他们精心打扮过的狗。

第12章 狗和宠物

科技公司Nerdery允许狗在公司中"闲逛"。糖果和宠物产品制造商Mars Canada、在线社交应用程序开发商Zoosk也实行了同样的制度。宠物护理服务公司Rover请专人照顾员工的宠物。除了与自己的宠物玩耍外,该公司的员工还花时间与其他同事的狗一起玩。

宠物玩具和产品的在线零售商PetBox的总部设在加利福尼亚州圣地亚哥,联合创始人兼首席执行官肖恩·康伦(Sean Conlon)说:"我们期待惊喜。例如,我们的办公室有个'常客',它是只德国牧羊犬。它会轮流坐在每个人的膝盖上,它奔跑起来速度很快,看起来像只灰狗,同事都为它加油。"康伦说,这提高了团队凝聚力,为公司带来了利益。

位于加利福尼亚州圣地亚哥的媒体关系公司BAM Communications为员工带来很多等待收养的小狗,还有一辆炸玉米饼的卡车,提供免费的炸玉米饼。首席执行官贝克·班伯格(Beck Bamberger)说:"我要给团队一个惊喜。我叫他们进办公室,关上所有百叶窗,然后有人带来十几只小狗,送到巨大的露台上。我让他们自由活动,一起跟狗玩耍。我们和小狗一起玩了大约1个小时——所有的小狗都是收养的,它们主要来自墨西哥,他们的看护人也来了,这些看护人跟我们分享了收养的步骤。我们公司有很多爱狗人士,所以我可能会把这项活动传承下去。"

如果狗要整天跟上班的员工在一起,那么保持卫生是必须的。位于安大略省博尔顿的糖果和宠物产品制造商的子公司Mars Canada

为狗提供了室内设施、户外"小狗后院"和免费零食。位于加利福尼亚州旧金山的游戏开发公司Zynga设有屋顶小狗公园，亚马逊公司也有同样的做法。

宠物零售供应链Petco的总部位于加利福尼亚州圣地亚哥，该公司鼓励员工带各种宠物上班，不仅是狗，蛇、蜥蜴、鱼等都可以。

由于当今许多人都将宠物视为家庭成员，因此他们非常重视为宠物提供保险的公司。一些公司开始实行这方面的福利。例如，当员工养了新宠物时，一些公司会提供名叫"爪爪依赖"和"毛毛依赖"的假期，这样他们就可以让这些宠物融入新家庭。

在亚利桑那州菲尼克斯的宠物供应商PetSmart的员工可以参加免费培训课程，并在与宠物相关商品、美容和兽医服务方面享受15%的折扣。他们大多数不愿意把宠物留在家里，所以就带着宠物来上班。总部位于亚利桑那州菲尼克斯的宠物狗日托服务商Dogtopiar的员工享有个人健康基金，可提供用于宠物狗托管和看兽医的资金。没有宠物的员工也可使用该基金购买健康午餐和健身房会员卡。

位于加利福尼亚州圣地亚哥的非营利医疗保健公司Scripps Health为员工的狗和猫购买宠物险。

公司意识到宠物死亡对员工的影响，开始允许员工请假来调节心情。因宠物的死而请的假，可能没有其他家庭成员去世的假那么长，但还是能起到帮助作用的。例如，金普顿酒店有3天假，糖果和宠物产品制造商Mars公司有1天假，宠物保险公司Trupanion的员工也有1天假。

给亚马逊一根骨头

在位于华盛顿州西雅图的亚马逊总部,人们每天都与约6000只犬类同伴和平共处。美国人力资源管理协会公布的数据显示,在美国,有8%的企业允许员工带宠物狗上班,亚马逊公司就是其中之一。而就在几年前,这一比例仅为5%。

鲁弗斯(Rufus)深受园区同事的喜爱,他给人们带来了很大的影响,以至于他所在的公司以他的名字命名了一栋建筑。他所在的公司一直都将办公楼的17层设为宠物天地。这里有一个消防栓、供水站和宠物厕所。没人给这里的小狗拴绳子,它们自由自在地在岩石间和其他地方玩耍。

"被带进工作场的狗是一种意想不到的使同事间紧密连接的纽带。"亚马逊的"汪汪公园"经理拉拉·赫希菲尔德(Lara Hirschfield)说,"我看到亚马逊的员工每天都借着遛狗的机会,在我们的大堂或电梯里与同事说话。"

万圣节的时候,宠物寄养服务提供商Downtown Dog Lounge在欧兰沃斯广场(Van Vorst Plaza)举办啤酒节,员工们和自己的宠物亲密无间地互动。该活动供应大量的零食、饮料,有各种娱乐项目。近日,数十只狗狗参与了化装比赛,有丹妮莉丝和她的3只小狗,这3只狗分别被装扮成了《小熊维尼》中的三个主角:小熊维尼、小驴屹耳和小猪皮杰。

第13章
艺术

> 没有什么比音乐更能舒缓和振奋灵魂了。
> ——米基·哈特（Mickey Hart）

将艺术带到职场能让大多数员工更快乐地工作。一个典型的例子就是音乐。声田最近的一项调查显示，61%的受访者在工作时听音乐能提高工作效率和幸福感。英国伯明翰大学的一项研究发现，把音乐作为提高生产力的工具时，90%的员工的工作效率提高了，88%的员工的工作准确率提高了。

"音乐能为员工带来诸多好处，如缓解压力和提高注意力。"音乐评估顾问兼研究员安妮莉·哈克（Anneli Haake）博士说。她就读于英国谢菲尔德大学，其博士论文研究了在办公室听音乐对工作的影响。

"在工作中想听音乐的原因是想改善情绪和放松心情。音乐还能隔阻办公室的噪音，让人集中注意力来完成工作任务。"哈克博士说。她强调选择哪种音乐和如何听音乐是为职场带来益处的重要因素。她说："如果强迫人们听音乐，音乐就会变成令人恼火和烦人的东西。我们从研究中了解到，办公室噪音对员工的健康、幸福和工作效率都会产生严重的负面影响。"

财务与会计人才咨询公司Accountemps是全球人力资源公司Robert Half的一个分公司，它对办公室里的1000名员工进行了一项调查，这项调查结果令音乐爱好者欢欣鼓舞。在工作时听音乐的员工中，85%的参与者表示希望有听音乐的权利。此外，10位受访者中有8位表示上班时很享受听音乐。71%的受访者表示音乐让他们的工作更富有成效。据调查，85%的人喜欢在工作中听音乐，在音乐上的选择多是3种类型：流行、摇滚和乡村。该公司的执行董事迈克尔·斯泰尼茨（Michael Steinitz）表示，这些音乐选择体现了这一代人的共同爱好。

以下是一些公司如何在办公室融入艺术元素的例子。

俄亥俄州新奥尔巴尼的私立学校Marburn Academy的人力资源总监劳拉·布雷迪（Laura Brady）说："在新冠肺炎疫情期间，我们重新回到办公楼工作后，不得不实施一系列新举措。一个举措是贴一个单行白色箭头。我要绕着办公楼一圈，才能到隔壁的办公室复印！许多人都有相似的情况，但这一切都是为了保持社交距离。我称之为'绕环'。于是我开始往我们所熟知的歌曲里填新词来描述这一过程。我一边绕着办公室转圈一边唱歌，其他同事也纷纷效仿，例如，我们一起唱《这样或那样的方式》（*One Way or*

Another），歌词被我改编成'走这边，别走那边，否则人力资源经理无法选中你。'我还填过《沿黄砖路走》（Follow the Yellow Brick Road）、《活着》（Stayin Alive）、《白兔》（White Rabbit）等歌曲的歌词。我唱着这样轻松搞笑的歌，同事也大笑不已。他们都自愿地'绕着走'了。"

为了表彰月度优秀员工，肯德基（KFC）的管理层允许员工带乐器来上班，有些自愿带乐器来的员工为杰出员工献上小夜曲。纷至沓来的表演者挤进员工的格子间里，演奏"路易，路易"[①]或一些类似的曲调。带乐器来演奏在员工中反响相当强烈，因此，该公司还专门请了一个乐队来演出，以表彰获奖员工。

位于俄勒冈州斯普林菲尔德的都乐食品公司（Dole Food Company）的员工因加班时间过长而承受着巨大的压力。一位技术人员说："我再也不想看到生菜了！"为了防止过度疲劳，经理唐娜·林恩·约翰逊（Donna Lynn Johnson）成立了一支卡祖笛乐队。325名员工一开始持怀疑态度，但他们很快就喜欢上了这一活动。这样的活动在困难时期能鼓舞士气。众所周知，苹果公司也组建卡祖笛乐队来举行庆祝活动。

位于加拿大多伦多的软件公司Fresh-Books有一个合唱团。

---

① 本句歌词出自美国摇滚歌曲《Louie Louie》，由理查德·贝里于1955年创作。——编者注

5种快乐工作的方法

1. 用一群有趣的吉祥物来拍摄搞笑视频
2. 制作新人视频，让门口执勤人员出镜，来陈述公司使命、愿景、产品
3. 周五下午在会议室看电影
4. 有专门的团队在办公室墙壁上绘制壁画或制作其他艺术作品
5. 组建一支工作摇滚乐队，在公司活动中演奏经典歌曲

位于纽约布鲁克林的公益企业Kickstarter每年都会举办一场员工音乐会。

位于旧金山的音乐应用程序开发商Smule的员工可以将他们的乐器带到办公室，来参加公司每周的即兴演奏会。

位于纽约的数字音乐服务公司Spotify的员工组建了"房子乐队"。公司的艺术营销、原创内容总监桑迪·斯莫伦斯（Sandy Smallens）说："大家都想能在工作时间练习打鼓，或学习使用作曲软件，或录制一些曲目。"

总部位于芝加哥的软件公司Jellyvision组织了内部活动，大约40名员工一起组建了"果酱乐队"。

位于纽约雪城的技术基础设施提供商Cxtec组建了一支叫"Cxtec恐龙"的内部摇滚乐队。员工尽情发挥自己的音乐天赋，他们曾参加慈善和客户答谢演出。

美国在线公司是一家总部位于纽约的在线服务提供商，以员工对口型演唱而闻名。金普顿酒店曾举办即兴跳舞

派对。

总部位于南非开普敦的营销服务公司Incubeta每天举办一个5分钟的下午舞会,他们还专门建了个歌曲播放列表。

美国科律(Cooley)是一家总部位于加利福尼亚州帕洛阿尔托的全国性律师事务所,员工对公司的工作文化赞不绝口。卡拉OK与合同一样重要,律师会抽出时间陪贫困儿童去迪士尼乐园。总部位于华盛顿州西雅图的博钦律师事务所的一些分公司邀请新律师创作和表演短剧。他们一定会把最滑稽的角色留给管理合伙人来扮演。

位于得克萨斯州达拉斯的社会变革咨询机构Social Impact Architects的苏珊娜·史密斯(Suzanne Smith)说,"我们去看电影,让团队也换一下环境,这可以增进我们之间的友谊。"本书的作者们会带领员工参加《侏罗纪公园》(Jurassic Park)等热门动作片的首映式。当然,探访古生物学工作室也已正式列为一项外出活动。

位于得克萨斯州达拉斯的连接公用事业和家庭服务的公司Utility Concierge做得更是淋漓尽致,它的员工拍摄了一部模仿法瑞尔·威廉姆斯(Pharrell Williams)演唱的《快乐》(Happy)的视频。他们用的道具有软呢帽、踏板车和超级英雄服装。他们叫上员工和家人到达拉斯的各个地标建筑外拍摄。首席执行官盖布·阿布希尔(Gabe Abshire)说:"我们将视频发布到社交媒体账户上,

4 种快乐工作的方法

1. 用小品来宣传公司愿景、价值观的重要性
2. 每周都用播客或内网广播电台播放有趣的新闻
3. 领导参加卡拉OK比赛，员工当评委
4. 每天下午的固定时间大声播放一首振奋人心的"每日一歌"

然后开心地大笑起来。制作搞怪视频听起来不像一家大公司能做出来的事，但拍摄视频确实能让我们团结一致，还能让员工、客户和合作伙伴都乐在其中！"

还有谁能比尊乐公司（Johnsonville）更了解自己的食品？这家公司的管理层要求他们的员工制作公司的电视广告。在选定了3个最佳和最疯狂的建议后，管理层让这些作者写广告脚本，最后还真的播出了。

对于许多硅谷企业来说，放《星球大战》（*Star Wars*）的电影是一种成本相对较低但非常有效的奖励工作突出员工的方式。技术人员尤其对此情有独钟，他们将这部电影视为下一次创作的灵感来源。这就是科技公司的活动策划者总是举办星球大战派对、租下剧院给员工包场放映这部电影的原因。每年的5月4日，高通公司（Qualcomm）会庆祝"星球大战日"。"这一活动很有趣，因为不同类型的人、不同年龄的人都喜

欢它。"营销总监凯福特尼（Kai Fortney）说。太空技术探索公司（SpaceX）创始人兼首席执行官埃隆·马斯克（Elon Musk）会邀请员工观看其他与太空相关的电影，例如《地心引力》（Gravity）和《火星救援》（The Martian）。

位于新泽西州的软件公司Commvault邀请来自世界各地分公司的员工提交在公司的生活照片。副总裁兼首席人力资源官杰斯珀·赫尔特（Jesper Helt）说："我们收集了多达3000张照片。"为了配合员工感谢日，他们将图像放入马赛克画中来制作照片。这些照片就像艺术品一样挂在全球各地的分公司办公室墙上。员工可在白天到马赛克图集处放置照片。然后跟当地分公司的同事一起用马赛克把新的照片拼出来。

总部位于德国科隆的电子商务优化公司Cleverbridge的一名员工决定当油画老师，晚上给办公室的同事上课。她非常兴奋，甚至在家里备了课。"我欣赏她的那种投入和付出，感谢她热情地与我们分享艺术，"该公司的劳拉·瓦恩加德纳（Laura Winegardner）说，"看到她能在工作中因为这件事而收获快乐，我感觉很美好。"

REVERB引领的音乐风潮可以和伍德斯托克音乐节相媲美了？

音乐设备和乐器交易平台Reverb拥有一支全部由音乐家和音乐爱好者组成的团队。"员工每年都组建乐队，在公司的年度假日派对上表演不同时代的热门歌曲。"公关经理希瑟·法尔·爱德华兹（Heather Farr Edwards）说。

近日，由该公司的员工专门组成的31支乐队登上了伊利诺伊州芝加哥的林肯音乐厅表演，还获得了3种音乐奖项。这些员工模仿的乐队包括：

- 英国的摇滚乐队皇后乐队（Queen）；
- 美国的乐队帕拉摩尔乐队（Paramore）；
- 英国的摇滚乐队齐柏林飞艇乐队（Led Zeppelin）；
- 加拿大的摇滚乐队拱廊之火乐队（Arcade Fire）；
- 美国的朋克乐队眨眼-182乐队（Blink-182）；
- 美国的摇滚乐队杰克逊五兄弟乐队（The Jackson5）；
- 英国的重金属乐队铁娘子乐队（Iron Maiden）。

他们演出的其他亮点还有长笛歌剧表演，用贝斯演奏

第13章 艺术

美国摇滚乐队No Doubt的歌曲，首席执行官戴维·卡尔特（David Kalt）表演了英国碰撞乐队（The Clash）的《伦敦呼唤》（*London Calling*）。

第14章

庆祝活动、生日与周年纪念日

> 你越赞美生活,越庆祝每一天,生活中值得赞美和庆祝的事情就越多。
>
> ——奥普拉·温弗瑞(Oprah Winfrey)

公司每年都举办许多活动来感谢员工的辛勤付出,大多数此类活动的举办目的是让员工放松身心。这些活动既可以是庆祝节日或祝贺公司成功的庆典活动,也可以是给个人庆祝的活动,例如为员工生日、工作纪念日或离职举办活动。虽然表彰员工工作表现的活动最受大家认可,但任何能让员工感到受到重视的活动都是值得举办的。

《哈佛商业评论分析服务》(Harvard Business Review Analytic Serveces)对全球700多位企业高管进行的调查发现,93%的受访者表示,他们的企业很重视活动的举办,其中57%的受访者表示企业高度重视活动的举办。根据活动行业趋势资源公司EventMB的说法,参加公司活动的受访者中有82%是为了交际交流,71%的人是为了学习,38%的人是为了娱乐。此外,37%的人认为自我提升很重要，16%的人对能离开办公室参加活动很感兴趣。

技术学习社区Galvanize进行的一项调查发现，超过57%的受访者参加过公司在外面举办的节日聚会，19%的人参加过团队郊游，11%的人参加过在工作场所举办的庆祝活动，10%的人从未参加过类似活动。

员工周年纪念等里程碑事件可以让员工回顾他们所取得的成就和成长过程。根据人力资源管理咨询公司Globoforce的数据，50%的受访员工在工作周年纪念日反思自己的工作，重新审视自己的工作成果或制定更高的工作目标。74%的受访员工未与同事庆祝周年纪念日，这些员工辞职的可能性更大。

根据人力资源管理咨询公司Globoforce的数据，82%的员工表示，如果大家还记得且祝贺他们第一次工作周年纪念日，他们会觉得很感动；只有36%的员工表示，周年纪念让他们感到自己更有价值。

在生日那天得到领导和同事的一点额外关注，会让员工感到温暖，感到自己是团队的一员。这可以促进幸福感，并减少压力和倦怠感。根据社会市场基金会和华威大学全球经济竞争优势中心的研究，快乐的员工的工作效率比不快乐的员工高出12%~20%。

关于年终假期庆祝活动的一些提醒：由于文化兼容问题和疲劳感，越来越多的员工不愿意在一年中的这个时候参加任何活动。记住并应用快乐工作原则，让每个人都安心和快乐，最好的办法是对员工的选择尽可能地包容。以下5项准则可帮你规划此类假期活动。

1.传统的假期庆祝活动应与公司的人群结构、文化背景相匹配。

2.在全公司范围内举办个人庆祝活动,让员工休假或以其他方式来纪念员工的特殊日子。

3.当员工想与公司共享假期时,请为他们提供预算,给他们时间充分准备,对他们的努力表示认可。

4.避免在其他文化的假期中加入西方元素。

5.任何人都有不参加活动的自由。

让我们探索一些公司与员工一起在特殊场合举办活动的方法。

总部位于加利福尼亚州旧金山的协作生产力软件公司Quip每年都会举办一次假期饼干烹饪活动。员工在家烘焙,并将做好的饼干带到公司与同事分享,他们还开展最佳千禧年饼干和总冠军饼干的比赛。比烘焙和投票更重要的是,每个人都期待吃饼干,并与整个公司的同事交谈。

宾夕法尼亚州匹兹堡的优质婴儿产品提供商4moms将其团队划分为不同的小组。每个小组都有一定的经费,他们可用这笔经费来装饰办公室,创造一个有趣、喜庆的假期气氛。

总部位于华盛顿州西雅图的员工敬业度软件公司TINYpulse几年前决定在假期结束后举办假期派对。现在员工都可以安心地享受这个派对,自己个人的假期也没有受到影响。

招聘与求职网站FlexJobs是科罗拉多州博尔德的自由职业者和

弹性岗位公司，它为远程办公的员工组织圣诞礼物交换。他们使用一个提供"神秘圣诞老人"风格的礼物交换功能的网站，随机分配神秘圣诞老人。

位于伊利诺伊州芝加哥的停车应用程序公司ParkWhiz回馈员工的方法就是庆祝假期。该公司与非营利性公司Button & Zipper一起组织了外套捐赠活动，他们向有需要的人捐赠冬装。他们还扮演小精灵的角色，与儿童之家和援助机构合作，向需要帮助的家庭赠送礼物。一家运输和供应链管理服务提供商Echo Global Logistics也致力于回馈社会，其员工向当地慈善机构捐赠必需品和礼物。在得克萨斯州奥斯汀南部，云计算提供商Blackbaud开展"蓝色圣诞老人玩具车行动"。珠宝设计公司Kendra Scott的员工将他们假期活动的全部收入都捐赠给了慈善机构。

总部位于伊利诺伊州艾迪生的电子商务公司Pampered Chef为员工举办为期一周的假期活动。"我们以'自制热巧克力棒'开启活动，这个零食里面有奶油、巧克力糖浆、焦糖、原味和巧克力味棉花糖等。"卡罗琳·格兰特（Carolyn Grant）说，"周二下午是欢乐时光，我们会玩些小游戏。周三我们提供美味的假日午餐，有小甜甜圈作为甜点和抽奖奖品。我们以丑毛衣比赛和豆荚装饰比赛结束这一周。"总部位于马萨诸塞州波士顿的健康管理解决方案提供商Wellframe的做法也相类似，他们有"周五法兰绒""周一体育""周二奇怪袜子"和"周三丑毛衣"等活动。

位于安大略省米西索加的玩具制造商Mattel的"玩耍巡逻"委员会组织诸如情人节射箭等社交活动。

有一年,林恩·西奥多罗(Lynn Theodoro)及其团队在施乐公司(位于康涅狄格州诺沃克的文档管理公司)举行了网络会议,来讨论夏季的业务开展情况。他们"去了"海滩——这是一个视频制作应用程序JibJab的模拟动画,同事的头像都变成了卡通人物,这些卡通人物有的沐浴在日光中,有的在游泳,有的在冲浪。

精品连锁酒店The Standard Hotels的员工每年夏天都会在洛杉矶享受泳池派对,在迈阿密享受单桨冲浪和日出瑜伽,在纽约的酒店参观啤酒花园和参加诗歌读书会。

当然,体育比赛在夏季是非常受欢迎的。是一家位于得克萨斯州奥斯汀的技术咨询公司Mutual Mobile会举办沙滩排球比赛。位于内布拉斯加州林肯的面向教练和运动员的在线交流平台Hudl举办高尔夫公开赛。来自加利福尼亚州大洛杉矶地区的直营公司Core Digital Media举办踢球和躲避球比赛。

位于马萨诸塞州波士顿的3D打印机公司Formlabs每年都会召集全体员工在英国伯克郡的一个营地举办一次"雪山奔跑狂人"比赛。

总部位于加利福尼亚州雷德伍德城的电子商务家居装饰零售商Balsam Brands在7月为所有员工和他们的配偶举办圣诞晚宴。有一年,他们在旧金山湾的一次晚餐游轮上举行了这个活动。还有一年,他们观看了巨人队的比赛。

凯文·谢里登(Kevin Sheridan)是《构建有吸引力的文化》(Building a Magnetic Culture)的作者,也是一家人力资源公司的前任总裁,他与客户美国玩具公司Radio Flyer分享了一个有趣的传统。员工可在十月的任何一天以万圣节的名义打扮。每个人都可以给自己安一个职位头衔。

位于佛罗里达州奥兰多的律师事务所Holland & Knight执行合伙人格伦·亚当斯(Glenn Adamst)管理着55名律师。亚当斯每年都鼓励律师为有需要的孩子举办办公室万圣节糖果赠送活动,他让办公室的员工穿着同一部影视剧中角色的戏服,他们扮演的角色包括美国喜剧电视剧《吉利甘岛》(Giligan's Island)和美国电影《贝弗利山人》(The Beverly Hillbillies)。

在美国西南航空公司(Southwest Airlines)的万圣节派对上,公司允许员工

9种普通假期、活动创意

1. 供应品种多样的食物
2. 非特定装饰
3. 聚餐
4. 餐车盛宴
5. 邀请家人或爱人参加"办公室日"
6. 假日健康展
7. 字谜
8. 猜猜画画
9. 给歌曲命名

7个成功举办活动的窍门

1. 成立多元化规划委员会
2. 从对全体员工的调查中获得灵感
3. 改变在固定日期庆祝节假日活动的做法,择日进行
4. 采用自愿原则,可以选择退出活动
5. 提供多样化的食物或饮料
6. 使用专用司机或优步、来福车等接送员工

和他们的家人穿着戏服在整个办公室边走边说"不给糖就捣蛋"。

到目前为止,迪士尼公司的万圣节庆祝活动已经是一个超过两年的传统节目。有一年,2000多名员工欣赏着音乐,玩着游戏,扮演了迪士尼角色,进行了拍照留念,享受了美食,雕刻了南瓜。本着给予的"精神",他们把出售南瓜的所有收入都捐赠给了加利福尼亚州伯班克基督教青年会,以支持其青年培养计划。有一个盛大的活动是服装比赛。100多名员工参加了四个项目中的一个,其中就有最佳迪士尼服装比赛。最高管理层担任评委,并选出获胜者。最高奖品是在迪士尼乐园度假酒店住宿一晚。

"我采访过的一家公司,其员工可在任意一个下午举行活动,每个人都可以参加有趣的活动。"总部位于科罗拉多州丹佛的咨询公司Making Strategy Happen的总裁迈克尔·卡尼克(Michael Canic)说,"我并非在开玩笑,整整一个下午,我们都在玩扔斧头和喝啤酒的游戏。所有人都乐在其中,直到有人变得头重脚轻!"

在一年一度的雇佣法会议上,位于俄亥俄州莫米的人力资源咨询与培训协会The Employers' Association举行了"一片丛林"活动。"朱迪跑过大厅,冲进我的办公室,气喘吁吁,瞪大了眼睛。"该协会的研讨会学习经理特丽·维尼尔(Terry Vernier)说,"她说,他们在雇佣法会上需要动物。然后她接着说,这些动物不必非得是老虎。她说得非常兴奋,这就是我们想要的,为什么不试一下呢?我们试试又能有什么坏处?"朱迪打电话给托莱多动物园,告诉他们自己的想法,而维尼尔则打电话给希尔顿花园酒店,看看是否能实现他们的想法。结果一切顺利。

开会当天上午,动物园带来了一只鹰鹞、一只小鳄鱼、一条大蛇和一只可爱的墨西哥矮豪猪。酒店允许协会在嘉宾参加开幕式时把动物和饲养员都留在会议室。在开幕式结束时,他们宣布大厅对面可现场参观动物,在此之前,这些对与会者来说都还是秘密。

"宣布之后,我看到了与会者的反应,看到他们去看动物的样子真是有意思,我仍然清楚地记得朱迪飞奔进我的办公室说'我们在活动中需要动物'时她脸上的表情。我们确实认为在上班时也能享受快乐是很重要的,而朱迪在足够舒适的情况下能突然迸发出这样的想法,然后还能付诸实践,这就证实了人们真的可以一边工作一边玩,而且效果会非常好。"

桑德拉·埃斯特拉达(Sandra Estrada)是位于加利福尼亚州卡尔斯巴德的人力资源咨询公司Employees HME的创始人,他每月向客户、潜在客户和联系人发一些有趣的工作假期日历。"这日历不是我制作的,是从互联网上下载的,我收到了很多反馈,员工说它很有意思。"埃斯特拉达说,"你知道9月21—27日是国际工作幸福周吗?你可以跟同事一起快乐地庆祝假期。"

位于罗德岛普罗维登斯的一家专卖店OOPS的员工选择另类的"假期"来庆祝,例如全国拥抱月或威利·纳尔逊(Willie Nelson)的生日。员工穿着舒适的衣服,享受美好时光,同时公司

可在工作时庆祝的8个不同寻常的假期

1. 1月24日笑破肚皮日
2. 1月26日快乐工作日
3. 3月14日圆周率日
4. 4月26日带孩子上班日
5. 5月4日（星球大战首演）与你同在
6. 6月1日甜甜圈日
7. 11月4日带父母上班日
8. 庆祝你自己的节日（待定）

也没花任何经费。

一家位于波士顿的生物技术公司庆祝了"翘班日"。全体员工打着开战略规划会议的幌子，一起到公司礼堂聚会。首席执行官穿着浴袍出来告诉员工，虽然他们在过去一年取得了成功，但他担心每个人工作太辛苦，他说保持工作与生活平衡很重要，所以他宣布休息一天，并叫人推车送来了爆米花和饮料，让全公司一起看电影！他让那些在来年需要休假的员工再休1天带薪假。

路坦力公司（Nutanix）是一家总部位于加利福尼亚州圣何塞的云计算公司，他们庆祝农历新年，还庆祝全国拼字游戏日。

20多年来，位于得克萨斯州科佩尔的存储和组织零售连锁店The Container Store每年都会举办一次辣椒烹饪活动。每个部门都自己选定主题，搭建展位来展现手艺。他们甚至还穿上了戏服，极具戏剧效果。

在1月28日"快乐工作日",华盛顿大学的2000名员工聚在一起排练,希望有机会创造世界最大伞舞的吉尼斯世界纪录。这是一种精心编排的同步伞舞,并且要求必须拍摄5分钟的视频。

位于加利福尼亚州圣地亚哥的品牌管理公司Chatmeter利用员工感谢日来为他们获胜的团队庆祝,开展他们最爱的工作之余的活动。在感谢日前一周,他们举办了一场社交媒体比赛,让员工发布在以前工作过的公司所举办的活动中最喜欢的照片,并需要附上标题,指明这活动的下一步是什么。

总部位于加利福尼亚州旧金山的金普顿酒店举办家政感谢周。其活动包括煎饼、水疗,还有用厕纸装饰总经理办公室,这或许是最受欢迎的游戏了。

总部位于加拿大多伦多的云会计软件公司FreshBooks把"快乐工作"作为公司的核心文化价值观。该公司每年都会为所有员工及其家人(包括狗)租用

5 种举行退休派对的点子

1.邀请家人和朋友
2.设个主题
· 在线播放电视剧
· 烧烤
· 地理趣味派对(地壳在运动吗)
· 化装舞会
· 退休人员的兴趣爱好
· 办公室之外的活动——博物馆、公园、海滩、湖泊、河流、山脉
3.做慈善活动
4.讲关于客户的故事
5.建一份流行音乐播放列表

一次儿童营地。

总部位于加利福尼亚州圣何塞的视频通信公司Zoom的娱乐组有专门的人负责组织活动，诸如带父母上班日、带孩子上班日、Zoom奥运会和欢乐时光等。总部位于加利福尼亚州普莱森顿的人力资源和财务软件供应商Workday的员工都自豪地带着父母来上班。

总部位于马萨诸塞州波士顿的软件公司Toast把员工分成多个团队，每个团队都与波士顿地区的23位客户举行神秘晚宴。然后整个公司的员工在客户运营的一家夜总会见面，交流和分享故事。

位于弗吉尼亚州夏洛茨维尔的信息技术公司WillowTree每年都会举办两场大型的全公司聚会。公司资助成立了运动队（踢球、垒球、冰壶），公司还举办了电子游戏之夜、电影夜、棋盘游戏之夜、公司乐队排练，以及其他吸引员工的各种兴趣爱好活动。

最近，总部位于得克萨斯州奥斯汀的室内音乐公司Mood Media Corporation最近举办了一场20世纪80年代流行的新浪潮摇滚太空舞步表演，这个现场表演让员工大吃一惊。在表演中，公司高管们都打扮成了80年代的摇滚明星。

总部位于得克萨斯州休斯敦的多户房地产开发和管理公司Camden Property Trust每月都有团队游戏和松林德比赛车等活动。他

第14章 庆祝活动、生日与周年纪念日

们还有一个"疯狂的袜子日"活动。

位于犹他州林登的人力资源软件公司Bamboo HR的员工有生日假,公司鼓励他们与家人和朋友共度生日,或者做他们喜欢做的事情。

位于俄勒冈州奥姆斯维尔的模块化建筑制造商Blazer Industries一家俱乐部在员工办公桌上放了一棵没有叶子的树来庆祝他们的生日。

"我经常会给承包商带来惊喜。"位于加拿大多伦多的人寿保险公司Policy Architects公司的詹姆斯·海德布雷赫特(James Heidebrecht)说,"最近我制造的惊喜是为我旗下签约的一个作家提供了一个水疗套餐。她是一位在家工作的母亲,我觉得她应该有一些属于自己的时间。我绞尽脑汁地思考她会喜欢什么东西,这对她来说真的很重要。如今网上有这么多选择,真的没有借口说选不到满意的礼物。如今,你可以发送贺卡、礼品篮、鲜花、电影票,甚至来自芝加哥或纽约的传奇比萨。"

脸书公司有一部分很重要的文化是"脸书周年纪念日"。他们为员工送上节日气球,在平台发送衷心祝福的评论,鼓励朋友和同事参加庆祝活动。

当鲍勃·沃恩(Bob Vaughn)从莱克兰社区学院(Lakeland Community College)的商学院院长职位上退休时,几乎没人知道他既会唱歌又会弹钢琴。在正式的退休演讲中,鲍勃让舞台指挥者

周年庆的10种方法

1. 全员在电子卡上签名
2. 扰乱他们的日常生活轨迹
3. 网站登录页面的新功能
4. 烤蛋糕
5. 定制礼物
6. 与首席执行官共进午餐
7. 乘坐豪华轿车到办公室或享受专用停车位
8. 资助户外活动
9. 为慈善捐献
10. 带薪休假

拉开窗帘，顿时，一架钢琴和一个麦克风呈现在大家面前。于是，他开始演奏他写的曲子，其内容包括屋顶维修、无休止的会议和全国教育协会（National Education Association, NEA）[①]等。即便他退休多年，大家还能笑着回忆他的退休表演。

[①] 全国教育协会，美国最大的全国教育专业团队，1870年由全国教师协会、全国校长协会和美国师范学校合并组成。——编者注

工作周的快乐计划

在医疗保健行业,如何平衡文化的严肃性与娱乐性是很重要的。这家位于佛罗里达州莱克兰的医疗机构一年内多次提出要专门制定"工作周的快乐计划"。

由团队成员领导的"快乐工作组"帮助策划了几个在公司范围内的活动。该组织鼓励员工在各自部门里开展有趣的活动。

为了支持公司的"承诺",并增加工作中的乐趣,以下《工作周的快乐计划》就是为了敦促和激励每个部门举办活动而定的。公司指示团队成员和领导选定适当的活动,所有人都能一起娱乐,还能在工作时按照"工作周的快乐计划"跟同事和最好的朋友共度一两天好时光。

工作周的快乐计划

3月	5月	8月	11月
第4周或4月的第1周	医疗保健周	第2周	第2周

"快乐工作组"收集了一份快乐工作活动的建议清单,并在其中列出了可以在一个部门或工作在举办的活动。这份

快乐工作法

清单只是提供建议,并不全面。高级副总裁、首席人力资源官斯科特·迪米克(Scott Dimmick)说:"团队成员可以认准他们想参加的活动,与同事一起安排时间开展活动,一年四季都可以安排!"

快乐工作活动建议清单

团队成员照片墙	最喜欢的家庭照片公告栏
疯狂袜子日	分享最喜欢的音乐
上班时带上最喜欢的玩具	办公室锻炼比赛
休息时练瑜伽和(或)大笑瑜伽课程	组织为期7天的幸福挑战
部门或公司的小游戏或极限游戏	带上你最喜欢的棋盘游戏并享受游戏日
部门内部或部门间的竞赛	赞美比赛
给员工起名	滑稽着装日
能量枪大战	行为端庄比赛
合适的价格(医疗用品)	珍惜、爱护、激励竞赛
达人秀	部门协作猜猜画画
办公室装饰主题	为公司价值观(承诺)设计游戏
寻宝游戏	与其他部门会面、打成一片

第 14 章 庆祝活动、生日与周年纪念日

最喜欢的运动队主题活动

最喜欢的主题活动

模拟体育比赛

让自己开怀大笑的比赛

名人墙

幽默公告板

"遗愿清单"公告板

一起创造

最喜爱的宠物图片公告板

3×3 部门间小型篮球锦标赛

会议室桌上冰壶比赛

辣椒烹饪大赛

主题食物大餐

砸水球

第15章

慈善与志愿者服务

> 你不应该一生都只顾接球,你应该有把球扔回去的能力。
>
> ——玛雅·安杰卢(Maya Angelou)

公司与员工一起玩耍的另一种简单方式是做慈善活动和志愿者服务。通过这样的活动,员工有机会与平时不常见面的同事一起交流,在业余活动中增进了解,建立更牢固的友谊,以便今后更轻松地应对具有挑战性的工作问题。

参与慈善活动也会让员工感觉良好,从而更加认同、支持他们的公司。这种经历可以让员工摆脱日常生活琐事的牵绊,扩大他们的视野,让他们结识其他有意思的人,为世界更美好而工作。例如,马里奥和鲍勃在周末做义工时心情愉悦,他们帮那些无家可归者建造房屋。

大多数公司都支持员工参加慈善活动,而大多数员工反过来也会感激公司这样做。根据营销公司Nonprofits Source的统计,86%的员工希望公司提供参与社区活动的机会,87%的员工希望公司帮助员工解决工作中出现的问题,78%的员工希望公司解决社会公正问题,88%的千禧一代在能参加对社会和环境产生积极影响的活动时,会对自己的工作感到满足。

公关、营销和战略传播公司Cone Communications对员工敬业度的研究发现,即便薪水不高,55%的员工还是会选择具有社会责任感的公司。

美国的《慈善机构的雇主研究快照》(*Charities' Snapshot Employer Research*)发现,82%的受访者表示,员工希望有机会在公司组织的活动中与同事一起做志愿者。

根据营销公司Nonprofits Source的数据,超过一半的美国企业一直有向非营利实体和项目捐款的传统。每年企业筹集大约50亿美元来捐赠给社会,估计90%的企业都会通过匹配礼品计划捐赠2亿~30亿美元。据估计,每年有6亿~100亿美元不记名捐赠的基金,有79%的公司认为员工参与率有所提高,73%的公司筹集到了更多资金,参与企业捐赠计划的员工在公司的任职时间会延长75%。

正如公共慈善机构National Philanthropic Trust所提到的,大约有7700万美国人(占成年人口的30%)自愿付出自己的时间、才能和精力来让世界变得更美好。75%的美国成年人因为参加志愿者服务,身体变得更健康了。志愿者服务带给心理方面的益处甚至更多,93%的人表示志愿者服务改善了心情,79%的人表示减少了压力,88%的人表示通过回馈社会,加强了对自己的肯定。

非营利组织还提到，近60%的公司允许员工带薪休假来进行志愿者活动，平均有30%的员工自愿参加。志愿者表示，他们在心情、心理和身体上都受益颇多。

那些支持慈善活动、鼓励员工为自己最喜欢的慈善机构做志愿者的公司更具社会责任感。这种策略是正确的，员工在这样的公司工作很有优越感。

总部位于加利福尼亚州圣何塞的电气工程与建筑公司Cupertino Electric每个季度都会组织一次慈善活动，召集员工一起参加志愿者服务。

加利福尼亚州旧金山的软件公司Nitro有公司回馈活动。它召集员工到海滩玩耍，让大家全身心放松。

位于纽约豪帕格的印刷和包装企业DISC每年组织两次献血活动，每年组织长岛关怀夏季食品活动和长岛徒步，员工们因参加了这些活动而感到很快乐。

总部位于内布拉斯加州奥马哈的定制软件公司Aviture将其部分利润捐给慈善机构，还鼓励员工也照做。他们设立了"雄心"项目，在公司的大型开放空间向7至12年级的学生教授科学、技术、工程、数学课程。它就是一个激发当地社区创新的孵化器。演讲嘉宾到场后，给初创企业进行一般性指导，然后投资者可与企业家建立联系。

加利福尼亚州旧金山的金普顿酒店每年都会基于酒店和餐厅品

牌，与来自华盛顿的慈善筹款机构Chefs Cycle合作，为他们的合作伙伴No Kid Hungry（一家同样位于华盛顿的非营利组织）筹款以及帮助其扩大知名度。他们组织厨师、酒店员工和高管团队骑行300英里为儿童筹款。

位于加利福尼亚州圣莫尼卡的广告服务公司VideoAmp通过回馈社会来庆祝节日。几年前，VideoAmp还是一家只有17名员工的小公司，它的员工都有助人为乐的精神。VideoAmp的"回馈"项目组织了很多室内的慈善活动：提供免费午餐、卫生用品和很多家庭装饰圣诞节用的玩具。所有活动都是由员工推荐的，随着公司的发展，VideoAmp"回馈"活动的社会影响也越来越大。

位于爱尔兰都柏林的电子商务分析平台Profitero与位于弗吉尼亚州亚历山大的非营利组织United Way合作，帮助无力为孩子购买节日礼物的家庭。工作人员分成几个小组，他们列好清单，分

4种工作时可进行的慈善活动

1. 每季度举办有趣的聚餐或午餐，收取少许费用，将收入捐赠给慈善机构
2. 选定一个慈善机构，举办筹款活动
3. 让员工选定一家慈善机构，公司将在年底向其捐款
4. 鼓励员工在上班时间到慈善机构做义工

头购买礼物,然后再回到办公室包装。这是一次很棒的团建活动体验,员工们会讨论哪个小组在此次活动中包装得最好。

猫途鹰是个免费旅游指南和搜索网站,其总部位于马萨诸塞州尼达姆,它一直支持员工捐款和志愿服务。在一年一度的夏季全球志愿者月期间,猫途鹰媒体集团(TAMG)的所有子公司和分支机构都会齐聚一堂,以支持当地社区的慈善活动。他们举办的项目包括翻修学校和收容所,开办劳动力发展讲习班,或提供营养餐活动。

总部位于得克萨斯州休斯敦的房地产投资公司Camden Property Trust给去当地非营利组织做志愿者的员工支付工资。同样,Zoom视频通讯也组织志愿者活动来帮助慈善机构,员工们都争先恐后地想获得"黄色橡皮鸭"奖品。这是Zoom表彰所有支持慈善机构的志愿者的奖品。

拥有521间客房的连锁酒店Holiday Inn参与了28个社区援助计划。他们做了很多慈善活动,包括为住在芝加哥"麦当劳之家"的家庭提供午餐或烘焙饼干,为收容所更换床上用品。他们还帮助了当地的一所公立小学。

总部位于新罕布什尔州斯特拉瑟姆的添柏岚(Timberland)的员工每年可带薪参加长达40小时的志愿服务。此带薪休假活动不与其他任何假期重叠。

位于俄亥俄州门罗的供暖、通风和空调公司HVAC鼓励其员工为当地慈善机构做志愿者，还派了一些员工参与国际间的慈善项目。

房地产公司Keller Williams是世界上最大的房地产特许经营连锁，其副主席莫·安德森（Mo Anderson）推出了公司的慈善机构，它会在突发紧急情况和自然灾害期间为代理商及其社区提供帮助。例如，2017年飓风哈维的余波影响了该公司在得克萨斯州奥斯汀举行的年度培训。当时，参加培训的都是来自世界各地的员工。由于飓风，培训即刻变成了大规模的救灾工作，公司派遣了3千名员工前往被暴风席卷的灾区提供帮助。

医疗保健巨头强生公司以关爱世界，关心每个人而自豪。秉承这种理念，公司向来鼓励员工进行志愿者活动。符合条件的人每年可申请两周假期（其中一周为带薪假），利用这个时间去非营利组织做志愿者。例如，强生旗下爱惜康（Ethicon）研发副总监莱因哈德·朱拉切克（Reinhard Juraschek）博士作为志愿者前往危地

美国排名前4名的志愿者活动

1. 慈善筹款或出售物品筹集资金（36%）
2. 食物收集与分发（34%）
3. 收集、制作、分发衣物、工艺品或其他商品（27%）
4. 指导年轻人（26%）

马拉[①]，与国际服务组织扶轮国际（Rotary International）的"微笑的里程队"（Miles of Smiles Team）一起为儿童进行唇裂和腭裂手术。"这太值得了。"朱拉切克说，"参加这种活动能发挥我的技能，这是非常棒的体验。"

总部位于纽约的金融巨头高盛集团（Goldman Sachs）在该市举办了一场有趣的通宵寻宝活动。根据《大西洋月刊》（The Atlantic）的说法，这是一种"行为艺术活动、书呆子奥运会、城市寻宝游戏"，它仅在一个晚上便筹集到了100多万美元。

总部位于纽约的专业服务公司德勤的员工有3~6个月的部分带薪假期，员工可利用这段时间从事志愿者服务或寻求职业发展机会。

总部位于加利福尼亚州旧金山的云计算公司Salesforce实行综合慈善制度，并称其为"1-1-1"模式。公司将1%的软件、1%的股权和员工1%的工作时间捐赠给了慈善事业。他们已向39000多家非营利组织和教育机构捐赠了2.4多亿美元，完成了350万小时的社区服务。

微软的员工每参加一个小时的志愿者活动，公司便向非营利组织捐赠17美元。

是一家总部位于加利福尼亚州卡尔弗城的健康零食配送公司

[①] 危地马拉（Guatemala），位于北美洲大陆的一个国家。——编者注

SnackNation提供换衣项目。该公司的项目经理汉娜·阿韦拉内达（Hannah Avellaneda）创立了这个项目。员工把衣服拿到公司，然后再进行交易。任何剩余的衣服都通过一个名为"贝基的基金会"（Becky's Fund）的组织捐赠给家庭暴力的幸存者。阿韦拉内达说："这对新员工来说很有趣，也是一次很好的搞活气氛的活动。它还给我们带来了成就感和使命感。我们能够回馈内部和外部社区。我们开始整理杂物，我们非常感激这些旧衣服得到了充分的利用。"

环保产品制造商（Earth Friendly Products）的员工可通过其健康计划相互交换衣服和家居用品。此外，如果员工想用他们的旧车换新的环保汽车，公司将提供资金补贴。此外，公司还向每位就近办公以减少碳排放的员工奖励1000美元。

排名前4的志愿活动的主题词

1. 宗教（32%）
2. 运动、爱好、文化、艺术（26%）
3. 教育或青年服务（19%）
4. 公民、政治、职业、国际活动（6%）

WARBY PARKER着眼于慈善机构和志愿服务

总部位于纽约的专注于视觉和光学产品的公司Warby Parker（WB）意识到全球有25亿人需要眼镜，却买不起眼镜。其中，6.24亿人因视力障碍而无法学习或工作。

WB通过"买一赠一"活动，与全球各地的企业合作，确保顾客每购买一副眼镜，WB便会给有需要的人赠送一副眼镜。

WB有两种办法将眼镜赠送给有需要的人：

1.教会成年人进行基本的眼科检查，并以合理的价格销售眼镜；

2.直接去学校为学龄儿童提供视力保健和配镜服务。

WB树立了国际社会企业家精神典范，它一直都在支持合作伙伴眼镜销售商VisionSpring，让低收入人群也能买得起眼镜，或者通过销售眼镜维持生计，养家糊口。另外，还要让他们接受职业培训，这种模式能让更多人配上眼镜。超过一半的客户都是第一次配镜。

根据美国疾病控制与预防中心的数据，视力残疾是美国儿童最常见的残疾。WB与纽约市教育部和马里兰州巴尔的摩市卫生部等组织和地方政府机构合作开展关注学生视力项目。志愿者到教室里给小学生提供免费的视力筛查、眼睛检查和配镜服务。在墨西哥，WB支持一个名为维尔比恩（Ver Bien）的组织，该组织也在进行这类到学校开展活动的项目。

"我们给员工一些带薪假去做义工，参加这些在学校开展的项目，无论是否与眼镜或者视力有关，他们都竭尽所能地提供帮助。"WB联合创始人戴夫·吉尔博亚（Dave Gilboa）说。公司全力在员工休假或资金方面给予支持，他们看到了员工带来的积极影响。每当本地销售团队完成销售任务时，公司也给各店拨款，员工则将这笔资金捐给当地的慈善组织。

在飓风哈维期间，WB立即投入行动来帮助受害者。"我们的（新）商店还好，只是开业庆典受到了影响。"吉尔博亚说，"我们付了员工工资，让他们在本地做一个月的志愿者。"

结语

> 如果你工作不快乐,那就得另辟蹊径。
> ——拉里·詹姆斯(Larry James)

我们希望你已经找到了一些新的有趣的想法或方法,来运用到自己和他人身上。我们写这本书的目的很简单:让每个人都可以在工作中获得快乐。要牢记如下几点:要自愿选择快乐工作;保有开放的心态和灵活的处事原则;勇于体验和尝试新事物;从尝试的过程中学习,改进和重新运用这些技能;要耐心地让快乐慢慢渗透到你的团队或公司中。

这本书也可能激励了你,使你产生了一些自己的想法,提出了一些有益于你与同事一起探索新思路的问题。以下几个方面可帮助你在个人、领导、团队和企业4个层面探讨问题。

个人

1."快乐"对你来说意味着什么?

2.你在工作中是如何获得乐趣的?也就是说,是什么或谁重塑了你对工作的看法?

3.你能做什么来确保在工作中为自己和同事带来更多快乐？

4.你有什么可以让工作变快乐的故事和剧本吗？

5.你把快乐的哪些特征视为工作规范？

6.你如何影响同事，让他们在上班时更快乐？

7.怎样会让你在工作中觉得不开心（沉默、否认、辩护）？你在多大程度上认可或表扬自己和同事，认为自己正在快乐地工作着？

领导

1.你有没有和员工讨论过快乐工作的话题？如果没有的话，你能做到吗？

2.员工能否既自由又快乐地工作？

3.你如何确保团队的所有成员都能参与到快乐工作中来？

4.你能"带头"让你的团队更快乐地工作吗？

团队

1.你的团队能让同事都快乐地工作吗？

2.你的团队是否愿意谈论快乐工作这个话题？

3.你的团队没有快乐工作的根本原因是什么？你能解决这个问题吗？

4.你的团队如何增加或减少工作中的快乐感？

5.目前的公司文化是否鼓励快乐工作？

6.你在多大程度上认可或表扬自己和同事快乐工作？

企业

1.你的公司有快乐工作的概念吗?

2.你的公司以前倡导过快乐工作吗?你是否在以前的工作中感到快乐,现在却不快乐了?这种改变的根本原因是什么?

3.你的公司在多大程度上鼓励、认可和表扬快乐工作?

4.你是否就如何获得更多快乐征求过员工意见?

5.你们有娱乐委员会吗?你能建一个吗?

6.你的公司是否让每个人都加入快乐工作的活动中?

7.谁参与了关于快乐主题、包容制度的制定?需要谁参与?

8.你是否曾找到一位或多位高管资助快乐工作的活动?

9.公司领导能否自发地让团队快乐工作?

10.你有没有考虑过将快乐工作纳入公司的核心价值观?

致 谢

本书的创作、编写、完成和出版是很多人努力的结果。我们在写这本书时确实很快乐,并感谢以下人员的帮助。我们希望他们也能在这个创作过程中感到快乐。

我们各自的妻子:鲍勃的妻子珍妮弗和马里奥的妻子米歇尔,多年来一直忍受着我们的滑稽搞笑,但她们一直都支持和鼓励我们合作。此外,珍妮弗从五年前的工作中找到很多案例,花费了大量时间研究、撰写和编辑本书的初稿。

许多研究人员都在调查研究快乐工作法则的过程中,找到很多我们在本书中阐述的具体示例。这些人员包括了对鲍勃的多本书的长期研究人员珍妮·卡西森(Jeanie Casison),以及实习生安娜·弗里曼(Anna Freeman)、李·阿利森(Allyson Lee)和克劳迪娅·凯达(Claudia Kayda), 以及推荐他们的教职员工:加利福尼亚州圣地亚哥州立大学福勒商学院管理系副教授米歇尔·迪恩(Michelle Dean)。

几位同事同意让我们引用他们书中的内容,包括《快乐管理》(Managing to Have Fun)的作者马特·温斯坦(Matt Weinstein)和《浮华效应》(The Levity Effect)的作者阿德里安·戈斯蒂克(Adrian Gostick)。莱斯莉·耶基斯(Leslie Yerkes)是《快乐工作的301种方法》（301 Ways to Have Fun at Work）的合著者，他给我们提供了以前未发表过的具体事例。我们也收到了来自世界各地的人们为本书提供的原始素材！

数十人向我们提出了关于书名的建议，包括《鱼：一种提高士气和改善业绩的奇妙方法》的作者哈利·保罗（Harry Paul），此外我们还收到了审稿人阿米蒂·培根（Amity Bacon）、蕾切尔·亨利（Rachel Henry）和阿斯彭·贝克（Aspen Baker）对初稿的意见和建议。

感谢我们非常有才华的编辑和Berrett-Koehler Publishers出版社的创始人史蒂夫·皮尔桑蒂（Steve Piersanti），他亲自教我们走过出版的每个流程，也要感谢出版社的其他优秀员工，他们每个人在本书的创作和销售方面都发挥了不可或缺的作用，包括董事总经理兼编辑古万 西瓦苏布拉马尼娅姆（Jeevan Sivasubramaniam），设计与生产副总裁爱德华·韦德（Edward Wade），设计与生产副董事瓦莱丽·考德威尔（Valerie Caldwell），营销副总裁克里斯滕·弗朗茨（Kristen Frantz），营销经理凯蒂·希恩（Katie Sheehan），全球和数字销售副总裁玛丽亚·赫苏斯·阿吉洛（María Jesús Aguiló）和国际销售凯瑟琳·伦格朗（Catherine Lengronne）。

谢谢大家！